Círculo Rojo

EL PRESENTIMIENTO

EL PRESENTIMIENTO

Lola Moreno Pizarro

Círculo Rojo
EDITORIAL

Primera edición: noviembre 2023

Depósito legal: AL 3014-2023
ISBN: 978-84-1199-669-3

Impresión y encuadernación: Editorial Círculo Rojo

© Del texto: Lola Moreno Pizarro
© Maquetación y diseño: Equipo de Editorial Círculo Rojo

Editorial Círculo Rojo
www.editorialcirculorojo.com
info@editorialcirculorojo.com

Impreso en España - Printed in Spain

El papel utilizado para imprimir este libro es 100% libre de cloro y por
tanto, **ecológico**.

A mis sobrinas Paula y Carolina.

COMENTARIOS DE LA AUTORA

Las incorrecciones son posibles en esta pequeña gran aventura. A lo largo de mi vida, he intentado escribir en más de una ocasión una novela y si ahora he conseguido juntar estas páginas, a las que yo llamo mi pequeño bebé, es porque he abandonado la idea de hacer una autobiografía. No obstante, no puedo negar rotundamente que este escrito no tenga algo de autobiográfico. Me dijeron en cierta ocasión, que el primer libro de cualquier escritor es en cierto modo sobre sí mismo, ahora tengo que darle la razón, pues en mi caso he intentado huir de ello y sé que tiene bastante de mí.

Quiero transmitiros lo que es para mí "EL PRESENTI-MIENTO". La creación de esta pequeña novela es como el proceso para dar vida a un ser humano, lo considero mi hijo y lo quiero como tal. Cuando se quiere tener un hijo, se hace con el mayor amor del mundo, con la pareja que quieres y en el lugar que en ese momento consideras el mejor; mi pareja fue la pluma y mi lugar los Alpes Suizos. Lo engendré un veintisiete de noviembre del mil novecientos noventa y dos y lo he sentido vivo durante todo el proceso de gestación. Ya se ha materializado ese amor y he tenido un feliz alumbramiento. El sitio donde ha tenido lugar este acontecimiento ha sido donde hace veintiocho años atrás nací yo, en un pueblo de la provincia de Badajoz, llamado Ribera del Fresno.

Como toda madre, espero que sea aceptado por todos, pero si eso no sucediera, si solo viese el rechazo de esta sociedad, yo no dejaría de quererlo, porque sería un hijo feo pero un hijo que ante los ojos de su madre lo es todo.

La colina estaba radiante, el sol lo hacía posible y era realmente un día bello en un lugar maravilloso. Ricardo salió de su casa como todos los días con la sensación de que un día de estos iba a encontrar a aquel amigo con el que compartir sus sueños.

Caminaba por la orilla del río cuando vio a una niña de pelo largo que estaba absorta contemplando el agua. Le impresionó su cara, en ella pudo ver una gran necesidad de tener respuestas, como si su pensamiento le desfigurara la cara y en vez de niña pareciese una mujer dolida, una mujer que no tenía más de quince años.

Bordeándola y de forma sigilosa se fue acercando y tras observarla en silencio se volvió para irse. Cuando estuvo dispuesto a emprender su caminar, oyó una voz a sus espaldas:

—¿Por qué te vas sin decirme nada? ¿Acaso te doy miedo?
—No, sencillamente no te quería molestar.

El diálogo parecía no tener fuerza, ni importancia, pero la mirada entre ambos era intensa, como si se conociesen, como si tuvieran mucho que contarse, nada nuevo, sino el retornar de una conversación dejada tiempo atrás, dejada en un momento de prisas.

—No, no me molestas... Si lo deseas puedes sentarte aquí, junto a mí.

Era algo que realmente le apetecía, se sentía a gusto. El silencio volvió a nacer entre ellos, pero en ese momento no hacían falta las palabras, era una soledad compartida, donde sólo la presencia de un amigo al lado da la fuerza suficiente para sentirse protegido, aunque en esta ocasión eran dos desconocidos.

La imagen del entorno era como una postal; un sol elevándose lentamente sobre el horizonte con las montañas al fondo y la cercanía de un riachuelo que fluye como los pensamientos más puros entre dos seres que se quieren y no necesariamente tienen que ser pareja.

Con las manos apoyadas en las piernas y contemplando el agua, Ricardo lanzó un suspiro, como aquel que no necesita más, está lleno, no dirigió la mirada hacia ella, pero se atrevió a hablar.

—No recuerdo que suelas venir por aquí, en cambio no puedo imaginar este paisaje sin ti, formas parte de él. — Qué fácil le resultaba hablarle.
—Eres muy amable. Yo en cambio tengo la sensación de que no es el paisaje lo que buscaba en este lugar, sino a una persona. Lo que estoy viviendo ahora es como un sueño que se hace realidad.
—¿Por qué dices eso? — El corazón de Ricardo sufrió un vuelco entre la sorpresa y la maravilla de sentirse el centro de sus pensamientos. - ¿Y por qué ese tono de melancolía en tu voz al decirlo?
—Tal vez el tono sea melancólico porque no lo tengo nada fácil ahora, lo que sí te puedo decir es que es sincero.
—No dudo de ti, perdona... ¿quieres hablar de ello?

Hubo un gran silencio, como si estuviera analizando la siguiente frase, como si la respuesta le doliera tanto que le paralizara las cuerdas vocales y las notas de su voz cayeran en un vacío. Transcurridos esos intensos minutos dejó salir el sonido de su voz a través de su garganta:

—No es el momento ni el lugar, si te lo contara creo que lo comprenderías, pero soy yo la que lo debo comprender y para ello tengo que caminar un poco más en la vida.

No era posible que una niña hablase así, Ricardo tras oírla con gran ternura sólo le pudo decir:
Cuando quieras, aquí estaré para escucharte.

—Ahora debo dejarte y no lo hago despidiéndome para siempre, porque sé que algún día nos volveremos a ver. Gracias por pasar estos momentos conmigo.
—No... Tengo el presentimiento que esto tenía que suceder, no hay que dar las gracias, no se merecen.
—Hasta pronto.

Se levantaron como movidos por los mismos impulsos, ella se acercó y le dio un beso en la mejilla, se volvió y empezó a caminar. Él la siguió con la mirada hasta que se perdió entre los árboles cercanos al río.

Ricardo anhelaba un amigo que necesitaba para compartir sus pensamientos, sus sueños, pero no podía olvidar aquel encuentro vivido como en una quimera, que le dio tal fuerza y capacidad para soñar, que la vida se le ponía por delante como un atardecer en una tarde de verano, bello pero triste porque daba por finalizado el día.

Estaba casi seguro de que la iba a volver a ver y no sólo eso, presentía que iban a tener momentos gratos comunes. Se sentía feliz.

Absorto en sus pensamientos, emprendió la marcha sin rumbo fijo, donde los pies le llevasen, tampoco le importaba el lugar. Si por la mañana a la salida de su casa llevaba un propósito que buscar, ahora se dejaba llevar y caminaba sin rumbo, sólo caminaba.

El sol se puso en lo más alto y hacía un poco de calor, con la plenitud de gozo en el corazón fue retornando hacia su casa. Él intuía en su corazón que algo había cambiado, que algo le hacía sentir bien pero que no podía explicar, era demasiado intenso.

Los paseos de las mañanas de domingo siempre le llevaban al mismo lugar, aquella orilla. Era como un acto reflejo y, sobre todo, un gran deseo; el de volver a verla.

Fueron pasando los días, las semanas y los meses y empezaba a sentirse vacío, era como si le traicionaran, como si hubiera vivido un espejismo meses atrás. Volvía a sentir la necesidad de aquel amigo con el cual compartir sus sueños, tenía fama de soñador y cuando sus amigos le veían absorto en sus pensamientos nadie le preguntaba el porqué de su actitud. Todos pensaban que se estaba abandonando y que tendría que llegar el día en que pensara en su futuro y en las chicas, se estaba olvidando de vivir.

Tal vez estaba demasiado obsesionado con ese encuentro, con cómo le hizo sentir, dado que hacía mucho tiempo que no sentía esa complicidad con alguien, desde su María. Tenía muchas preguntas sin respuesta, preguntas que no comprometen a nada pero que son esenciales como, ¿cómo te llamas? ¿dónde vives? Se reprochaba el no haberle acompañado o por lo menos, haberla seguido. Qué idiota se sentía, no le cabía en la cabeza que pudiera haber sido un sueño.

No sólo pasaron mañanas de domingo, pasaron meses y años y aunque la fuerza del encuentro se convertía en vaga, el recuerdo estaba vivo, latente en su vida que seguía su curso, tenía que seguir.

Ricardo dejó atrás la búsqueda de ese amigo para compartir, entre otras cosas, porque dejó de soñar. Su vida se convirtió en algo monótono: trabajo, casa y familia. Porque sí, un día se sorprendió viviendo una relación, sintiendo una felicidad que le había sido negada años antes, junto a Laura, la que sería su mujer y madre de su preciosa hija Isabel. Una mujer que supo apoyarle y entenderle, así como aportarle el amor, el dulce amor que tanto anhelaba en su interior.

Sin embargo, Laura sabía que Ricardo tenía algo que le provocaba gran pesar, una gran nube de preguntas sin respuesta que le atormentaba, un vacío que ella no podía llenar. Ello le aterraba y nunca se atrevió a hablar de ello con él, pero lo sabía. El presentimiento era más fuerte que ella, lo que fuera era superior a Ricardo y a Laura le llevaba a un silencio compasivo y lleno de ternura. No podía quebrantar su secreto por temor a perderle, un gran temor que nunca le demostraba, que guardaba celosamente en su corazón, como si fuera un tesoro. Tenía la esperanza que algún día se lo confesara todo y así poder superarlo juntos, como la familia que eran.

Una de esas mañanas de domingo, cuando se disponía a dar su paseo le pidió a Laura que lo acompañase. Se pusieron a caminar y llegaron a esa orilla donde Ricardo años atrás tuvo el encuentro que siempre recordaría.

Ricardo cogió a su esposa por la mano y le dijo que la amaba y que no sintiera temor porque ella tenía gran parte de su corazón y que aquella parte que le faltaba pertenecía a un fantasma, a un recuerdo vacío. Empezó contándole el encuentro con la pequeña de la cual no conocía su nombre ni su procedencia, que le hizo sentir tanta paz y con el que se había obsesionado durante tantos años y después, le contó el momento de su vida más feliz y la vez más doloroso por el que jamás podría ser un hombre completo. El no saber, las preguntas sin respuesta habían dejado un vacío en su interior que no hallaba cómo llenar. Aquello que lo llevaba atormentando toda su vida.

Mientras Ricardo y Laura estaban fundidos en un abrazo en un lugar de ensueño como era la pequeña ciudad de Williams, en otra muy distinta se encontraba Elena Lark, directora general de una gran empresa de ámbito internacional.

Aunque era una mujer joven, tenía unas facciones demasiado marcadas por el trabajo incesante, formadas por un gran esfuerzo de superación, por una lucha ante todo y ante todos. Nunca permitió las influencias, fueron muchos los obstáculos que tuvo que afrontar, obstáculos incrementados por su condición femenina. Nunca olvidaría sus comienzos cuando no tenía ninguna mano amiga y cuando las segundas intenciones la atacaban sin piedad. Luchó con fuerza porque sabía que esa posición le facilitaría el poder alcanzar su objetivo: con el dinero acumulado podría comprobar si verdaderamente su presentimiento era cierto. Tenía que esclarecer su existencia, si era tal o si por el contrario era un fantasma inalcanzable; era un camino duro por recorrer donde tendría que remover el pasado y llegar a una profundidad dura y áspera.

Necesitaba concretar presentimientos para poder un día completar su vida y no vivir con plenitud aparente como hasta ahora.

Nadie de su entorno podía imaginar que la poderosa Elena Lark tenía zonas ocultas, baches que le impedían ser feliz.

Por dónde empezar, tan sólo sabía el lugar de inicio, el lugar donde su madre vivió sus primeros quince años, donde tal vez empezó la huida hacia la nada.

Desde su despacho, su segunda casa, por no decir la principal, comenzó a calcular los costes de la preparación de su partida hacia esta nueva empresa, que requeriría un largo periodo de tiempo y sabía que tenía que concentrar toda su atención para poder emprenderla lo antes posible. Dejó atrás sus pensamientos y pulso un botón para llamar a su secretario.

—Pase, por favor.

Iván, el secretario de Elena, entró con libreta y lápiz en mano, tomó asiento en la butaca situada enfrente de ella, como hacía habitualmente. Era un empleado eficiente que durante los últimos cinco años había apreciado la urgencia o importancia de las cuestiones para las que se le llamaba en función de los toques de llamada que Elena realizaba en el botón.

—Deseo que me haga una redacción completa de todas las reuniones, citas y viajes pendientes en los próximos seis meses, de todo lo concertado y los posibles trabajos. También los almuerzos, comidas, cenas y fiestas que tuviera agendadas.

Iván no pudo mostrar más que una expresión de asombro ante tal requerimiento, pero debido a su profesionalidad y prudencia, asintió.

—Y todo lo quiero lo antes posible.

Su secretario se levantó y se fue hacia la puerta con un caminar rápido y equilibrado.

Elena no dejó de mirarlo mientras se iba. Era un buen secretario, eficiente y eficaz en sus labores. Nunca había sido capaz de mirarlo como el hombre que era, su atractivo. Esto le sucedía siempre, Elena no era capaz de fomentar su lado más femenino. Ella sólo mantenía relaciones superficiales con hombres, obteniendo de ellos el desahogo que necesitaba en ese momento. Cualquier persona de fuerte vocabulario erótico hubiera dicho que utilizaba a los hombres sólo para follar, sencillamente, no era capaz de implicarse emocionalmente en ninguna relación.

No pasó mucho tiempo desde su petición, hasta que Iván llamase a la puerta con una carpeta azul y otra verde donde se encontraban, por una parte, el trabajo previsto para seis meses, y por otra, las distintas citas, comidas y viajes agendados. El conjunto de las dos carpetas era mucho trabajo.

— ¿Puedo pasar? — No era habitual que pidiera permiso para pasar al despacho, pero en esta ocasión Elena estaba mirando a través del ventanal donde se observaban los majestuosos edificios del centro de la ciudad.

— Sí, por favor, déjalo todo aquí. Cancele también todas mis citas para esta mañana. Salvo que llame el presidente, excúsame de cualquiera que requiera algo de mí.

— Perfecto, ¿algo más?

— Sí, por favor, ¿me traería un café?

No dijo nada más, salvo el "con permiso" antes de salir del despacho y cerrar la puerta tras de sí.

Elena cogió primero la carpeta azul y comenzó a examinarla. Empezó a subrayar las citas que no podía eludir y con su calendario delante, anoto las modificaciones de fechas concentrando su trabajo de seis a dos meses. Ajustó tanto el trabajo que en los próximos dos meses no le quedaría tiempo nada más que para lo estrictamente necesario. Esta intensidad no le asustaba dado que había tenido muchos periodos con ese nivel elevado de carga de trabajo, por lo que continuó con la siguiente carpeta y revisó sus citas y viajes. Entre los viajes comprobó que en mayo tendría uno a Japón. Le gustaba este país en primavera y aunque los nipones siempre le daban problemas, estos eran más llevaderos por su entusiasmo al trabajar.

—Lo dejare con la fecha prevista – pensaba en voz alta – tal vez pueda llevarlo a cabo.

Se volvió a sumir en sus pensamientos y se fue con la mente al hotel donde solía reservar habitación en Tokio. Tenía unas vistas preciosas, podía contemplar el mar en toda su magnitud. Pensaba en los viejos momentos vividos en aquel lugar, aunque no sabría decir si eran los más felices de su vida, desde luego fueron de lo más placenteros.

Allí es donde conoció a David, un joven ejecutivo de origen latino. Coincidieron en una de tantas conferencias a las que asistía. Él acudió como ponente. No podía dejar de mirarle. Era un sueco de origen latino con unos ojos verdes penetrantes que impresionaban e intimidaban a cualquier persona a la que se atreviera a mirarlos directamente, dando la sensación de que cuando lo hacías, quedaban al descubierto todos tus secretos.

Cuando finalizó la conferencia, le buscó con la mirada sin obtener el resultado deseado, mientras varios colegas le hablaban sobre los temas tratados y su aplicación en el ámbito empresarial. Apartó sus pensamientos de aquel atractivo hombre de piel tostada y continuó con los comentarios sobre las ponencias dado que era de interés relacionarse con los ejecutivos que allí se concentraban. Una vez finalizado, debía prepararse para una nueva cita, concretamente una entrevista con el embajador de su país en Tokio.

Subió rápidamente a su habitación a arreglarse, dado que el embajador seguramente ya estaría aguardando para almorzar y se apresuró para que no fuera demasiada la espera.

La comida resultó de lo más aburrida. El embajador era todo elogio, muy diplomático, como su cargo requería. Cuando casi no podía ocultar más su estado de ánimo, entró por la puerta del bar David. Estaba totalmente cambiado, su aire de ejecutivo implacable se había tornado informal y cercano, incluso juvenil, todo ello debido a su cambio de atuendo y su forma de moverse, dejando su traje, corbata y maletín por unos tejanos, una camisa y una sonrisa real en su semblante. Entre sus pensamientos se percató que el embajador había terminado su monólogo y se levantaba para despedirse excusándose con otro compromiso y haciendo ver la agenda tan ocupada que tenía.

—Lo siento Señorita Lark. Como sabe, su compañía me es muy grata, pero debo partir para atender otros compromisos. Como se suele decir, el deber me llama. Le agradezco su tiempo y su gestión, con lo acordado podemos dejar por cerrado el trámite diplomático para con su empresa. — al levantarse y hacerlo Elena como un reflejo, le cogió la mano y se la estrechó con fuerza.
—Hasta pronto señor.
—Hasta pronto.

Elena volvió a tomar asiento y buscó en su bolso un cigarrillo. Nunca fumaba en las comidas de trabajo, ni reuniones, pero necesitaba un momento de calma y relajación. Llamó al camarero y pidió una copa. Mientras encendía el mechero oyó una voz profunda diciendo su nombre. Alzó la mirada y allí estaba él, con una sonrisa plena en los labios:

—Señorita Lark.
—Sí, ¿le conozco? — su voz la alteró de tal forma que el encendedor cayó al suelo.
—Estaba buscando el momento para hablar con usted, pero es una mujer muy ocupada, ¿me permite?

—Señorita su copa — les interrumpió el camarero. David se acomodó en una silla situada frente a Elena.

—Gracias. – antes de que el camarero se marchara, David le detuvo.

—¿Podría traerme un coñac, por favor?

—Por supuesto. — en cuanto el camarero se hubo marchado David prosiguió.

—¿Le importe que le acompañe? — Era curiosa su pregunta, que era más bien una afirmación dado que ya se había acomodado en la mesa de Elena. Parecía el típico hombre que toma las decisiones por los demás, tomándose libertades con todo el mundo sin conocer en todos los casos a la persona que tenía delante. Elena detestaba esto y pese a estar acostumbrada a reacciones de este tipo en el mundo de hombres en el que había peleado para conseguir su lugar, en esta situación se sentía invadida y se vio acorralada en una situación que no podía manejar y eso no era asumible por su parte. — Disculpe, no me he presentado como es debido. David Parker — dijo alzando la mano para dársela a Elena — representante de la empresa para la que ambos trabajamos en Suecia. — al tiempo que hablaba, Elena reaccionó, salió de su asombro y a la vez que se levantaba con su bolso, sacó fuerzas y respondió.

—No le disculpo y no le doy permiso para que me acompañe en mi mesa. Y como veo que está usted muy bien acomodado, le dejó aquí. — se dio la vuelta y se marchó tras dejar unos dólares sobre la mesa.

Mientras Elena se dirigía a su habitación, David no podía salir de su sorpresa por la reacción de ella y la miró mientras caminaba hasta que desapareció de su alcance.

—Todo un carácter — acertó a decir acercándose el vaso de coñac a los labios — Pero me esperaba su reacción, he sido demasiado agresivo.

En la empresa se hablaba bastante del carácter de la Señorita Lark y su frialdad con sus trabajadores y compañeros. David por el contrario era una de esas personas tenaces que aun recibiendo un trato así eran capaces de reaccionar y conseguir que le apreciaran hasta el punto de conseguir su objetivo fuera cual fuera. Pero en ese momento, se quedó en silencio, aceptando la derrota en esta pequeña batalla, dado que volvería a abordarla y conseguiría ganar la guerra.

—Voy a llegar a ti — decía en voz alta mientras el camarero se acercaba con la carta.
—Disculpe señor, ¿decía?
—¡Oh no! Perdóneme hablaba sólo. — el camarero dejó la carta y se marchó.

Mientras tanto, Elena en su habitación no daba crédito a lo sucedido y con una furia inexplicable empezaba a divagar sobre cómo hundir la carrera de ese hombre por su osadía. ¿Cómo había podido anularla de tal manera? Ella era Elena Lark y nadie conseguía hacerla sentir como ese hombre. Cuán impertinente había sido. Debía controlarse, no era propio de ella tener un arrebato tan poco medido y sin sentido como el que estaba sufriendo. Trató de calmarse y meditó sobre lo sucedido, un baño de espuma calmaría sus ánimos y le haría pensar con mayor claridad.

Cuando despertó en la bañera había pasado una hora. Se había relajado demasiado y tenía un compromiso dentro de media hora al que no podía faltar, por lo que salió rápidamente de la bañera y comenzó a prepararse. Su compromiso nocturno no sería muy agradable, pero se amenizaba en un ámbito que le encantaba, el teatro.

Su cita esta vez era el delegado de la empresa en Tokio, con su esposa, por ello el escenario distendido. Al menos disfrutaría de una gran obra.

Al salir del teatro se encontraba feliz, no había escuchado muchos de los comentarios de sus acompañantes, sus oídos estaban entregados casi por completo a la obra que tenía ante sus ojos y que la había fascinado, una opereta de Verdi, su compositor favorito.

Sus raíces le dejaron la herencia del arte, y su afán de saber la llevo a descubrir lo bello de la música. Los grandes compositores con sus obras maestras se convirtieron en su vida en el carburante para alimentar su motor.

Tenía que volver al hotel y con la felicidad que le invadía, lo hizo casi volando, agradeciendo un final tan placentero al día que ya terminaba y que había estado tan lleno de eventos. En su ensoñación, pensó que debería cogerse esas vacaciones que todo el mundo le recomendaba que hiciera para desconectar y centrarse en cuidarse y disfrutar. El merecido descanso era necesario y pensar en disfrutar de Tokio sin su apretada agenda haciéndola correr de un lado hacia otro, se le antojaba maravilloso.

Cuando pidió la llave de la habitación en la recepción, le entregaron una nota que le habían dejado poco después de partir hacia el teatro. Subió en el ascensor con ella entre sus manos y se decidió a abrirla. Se dio cuenta que no le habían indicado la procedencia y que la nota como tal no tenía remitente y entonces la leyó mientras estaba llegando a su dormitorio:

"No es mi costumbre avasallar a las personas y por ello me hago cargo del error cometido. Le pido disculpas y le rogaría que aceptase almorzar conmigo mañana.
Atentamente,

David Parker"

—¡Qué desfachatez!

Tras decir esto, lanzó con furia la nota sobre la cama junto con su bolso y se dirigió al cuarto de baño.

No podía permitir que ese grosero le estropease la noche, deseaba descansar y relajarse. Cuando volvió al dormitorio ya dispuesta a dormir, volvió a encontrar la nota y la releyó, la dejó en la mesita de noche y se dispuso a cerrar los ojos hasta la mañana siguiente.

Cuando despertó comprobó que hacía una mañana preciosa. Le gustaba contemplar el amanecer mientras disfrutaba de café en la terraza. Eran momentos que le llenaban con una fuerza especial, sus minutos de paz que se negaba a abandonar pese a que su rutina de trabajo amenazara con hacerla desfallecer.

Después de absorber esa energía se puso a trabajar con toda la fuerza que le caracterizaba. Tras dos horas, se puso en contacto con su secretario para que aceptara la propuesta para almorzar con el Señor Parker y que, dado que no indicaba el lugar ni la hora del almuerzo, se tomaba la libertad de reservar mesa en el restaurante de la bahía a la una y media.

A la una menos cuarto, Elena decidió dar por finalizada la jornada matutina y decidió relajarse antes de la comida con un buen baño de espuma.

—¿Me estoy arreglando para él? ¿Qué me sucede con este señor? ¿He perdido el raciocinio?

La cita le intrigaba sobremanera, no podía entender los sentimientos que tenía pese a no conocerle, lo poco que conocía le disgustaba, toda esa arrogancia y soberbia eran contrarias a lo que ella solía buscar en un hombre o un simple compañero.

A la una y media, ya estaba entrando en el restaurante. La puntualidad pertenecía a su forma de ser, detestaba que la hicieran esperar y, por tanto, no se permitía hacerle lo mismo a los demás. Salió un maître a recibirla y la condujo a la mesa reservada mientras le comunicaba que su acompañante aguardaba su presencia.

—Puntual, eso es un punto a su favor — pensó para sí.

Cuando pudo adivinar la mesa en la que almorzaría, divisó a un hombre de espaldas que poco tenía que ver con el que la avasalló en su mesa el día anterior. Ese día vestía traje de chaqueta y un peinado perfecto. Al sentir su presencia, se levantó y se giró hacia ella, encontrándose con la mujer bella y atractiva que era.

—Señor Parker — dijo Elena tendiéndole la mano formalmente.

—Señorita Lark — contestó cogiéndole la mano firmemente — Por favor, tome asiento. ¿Desea tomar algo antes del almuerzo?

—Sí, por favor — dijo mirando al camarero — Tráigame por favor, un Martini blanco con aceituna.

—Dos por favor — añadió David. — Señorita Lark, debo suponer que aceptando mi invitación he sido perdonado de mi mal gusto al invadirla de la manera en que lo hice.

—La verdad es que no la he tomado muy en cuenta y que, si en un principio la decisión de destruirle se apoderó de mí, luego reflexioné y le dejé en el olvido. Soy una mujer muy ocupada y no puedo permitir que situaciones de tan poca importancia puedan nublarme el juicio o entorpecer mi trabajo. — Dijo Elena sintiéndose orgullosa de su discurso, consideraba que la balanza de poder se inclinaba de forma considerada hacia ella, pero, aun así, esto no le pareció, por el momento, suficiente.

—¿Siempre actúa así de fría ante los demás o son sólo momentos en los cuales intenta aplastar a la gente? — Había tranquilidad en el tono de David, pero algo de tensión dado que se sentaba delante de una mujer dispuesta a humillarle.

—Señor Parker — dijo Elena elevando el tono, aunque se detuvo al ver al camarero trayendo sus comandas. Continuó con un tono más suave pero igualmente altivo — Señor Parker, no creo que tenga intención de disculpa en sus palabras, más bien arrogancia.

—Solo trato de pedirle perdón, sino no la hubiera invitado a comer, ¡maldita sea! — Elena se quedó mirándole fijamente con el semblante lleno de sorpresa por la salida de tono de su acompañante y no pudo contestar nada. — Sé que hice mal, que no fue la mejor manera, pero tuve que buscar una forma de acercarme a usted y conociendo por lo que me han comentado mis colegas de profesión sobre usted, el motivo del trabajo se hace imposible debido a su apretada agenda. Olvídese de trabajo por un momento. Me gustaría que esta comida fuera entre un hombre y una mujer, sin tener en cuenta nada más que lo que comentemos en esta mesa.

Tras decirlo, David cogió la copa y la vació. Acto seguido solicitó otra al camarero y quedó a la espera de lo que Elena pudiera decir. Al no recibir respuesta, prosiguió.

—Ahora, si desea marcharse, lo comprenderé, - dijo convencido de que eso mismo era lo que Elena iba a hacer, dejándole allí sentado, alterado y desesperanzado.

—Me ha invitado a comer y tengo hambre. ¿Podemos pedir ya el almuerzo?

—Sí, como no. — contestó sorprendido de su respuesta.

Llamaron al maître para que trajera la carta, eligieron los platos y comieron en silencio. Durante toda la comida estuvieron observándose. Cuando estaban tomando el café, Elena se disculpó por la excesiva carga de trabajo que tenía y se marchó.

Este fue el primer encuentro con David, el hombre que, durante un año le había brindado una relación de amor intensa y profunda, tanto en lo físico como en lo emocional. Él era el único que había podido hacerle daño alguna vez pero que también el que le proporcionó más amor que nunca pudo haber sentido. ¿Qué sería de él? Desde el último encuentro, lo único que sabía es que había abandonado su trabajo y dedicación a los negocios para "vivir" o al menos era lo que le habían dicho conocidos en común. No podía haber sido de otra forma, él era un hombre que utilizaba el trabajo como medio para alcanzar sus objetivos, unos objetivos demasiado profundos y alejados de lo que Elena podía comprender.

La última vez que le vio fue en los Alpes Suizos, donde alquilaron una cabaña en medio de la montaña donde sólo estaban ellos dos. En esa cabaña se desató un gran ciclón entre los dos, una pasión sin límites rodeados de vino, velas, música y el gran fuego que les proporcionaba la chimenea que reinaba en el lugar. Las luces eran suaves, el ambiente relajado, estaban abrazados y Elena comenzó a hablar.

—Debo marcharme mañana, estoy abandonando demasiado el trabajo y hay una rueda de conferencias que tengo que preparar sin demora.

—Sólo un par de días más cariño... - dijo David mientras le besaba el cuello.

—No, debo marcharme. — dijo alejándose bruscamente de sus brazos.

—El trabajo, el trabajo... - su tono ya no era suave. — El maldito trabajo. Por favor, olvídate de él y de todo lo demás. Vive esto plenamente conmigo.

—Lo vivo, pero tengo que marcharme y no es el maldito trabajo. — suavizó el tono para continuar — No quiero discutir por esto, nuestros puntos de vista son totalmente distintos, no estropeemos todo esto.

—Elena, ¿qué es para ti todo esto?

—¿A qué te refieres?

—El mundo que hemos creado, este mundo en el que creo que somos felices.

—Es bello, importante, intenso... pero...

—Pero... siempre hay un "pero", por favor, sal de tu mundo de finanzas y vive plenamente, lo tienes todo, ¿qué más quieres?

Tras decir esto se alejó más de ella y fue a por más vino. Cuando David se ponía nervioso hablando lo hacía con el vaso en la mano, como si para él la bebida fuese su motor ante circunstancias adversas. No era así en esta situación, pero era la impresión que quería dar. Cualquier persona que no le conociera y lo viera actuar, pensaría que era un gran bebedor dado que al hablar con intensidad bebía todo el contenido de la copa y la volvía a llenar.

—¿Por qué no te marcas una meta, un objetivo? Lo podemos hacer juntos, así podría ayudarte y podríamos disfrutar juntos del camino. Creo que así seríamos felices. ¿No es eso suficiente para ti?

—Tengo mi meta y para ello debo seguir.

—A pesar de todo debes seguir como hasta ahora... ¡Maldita sea! Quiero entrar, quiero entender qué tienes en la cabeza, qué necesitas y me lo haces imposible. Dame acceso, te lo ruego...

—Lo tienes, eres parte de mi vida, estás conmigo...

—No Elena, no estoy en tu vida. Cuando quieres desapareces y te resguardas en un muro de hormigón dejándome fuera. Dame la llave para entrar. — mientras decía esto se acercó a Elena y la sujetó por los hombros.

—Me haces daño... - con un ademán de fuerza se desprendió de él. — Estás en mi vida y debes aceptarme como soy.

—Hay algo que no me muestras y guardas celosamente en tu interior, y ese algo nos impide avanzar y ser felices.

—Vamos a dejar este tema, no quiero que nos hagamos daño, por favor, no quiero herirte. Conseguiste lo que nadie y arrancaste de mí el amor que ni yo sabía que podía dar. Te quiero y lo sabes, tan sólo debo partir un par de semanas y volveremos a vernos. — Elena se acercó nuevamente a él y tocaba su pecho desnudo, incitándole a que la abarcara con sus fuertes brazos. — Compréndelo, es un camino que debo seguir y no te excluyo, sencillamente debo conseguir un poco más para poder realizar mi sueño.

—Déjame ayudarte, sólo te pido eso.

—Ya lo haces — le besó para finalizar la conversación.

Le siguieron más besos e hicieron el amor de forma intensa pero delicada haciendo de ello algo maravilloso.

A la mañana siguiente, mientras David yacía en la cama dormido, Elena se levantó, se arregló y tras dejar una nota de despedida en la mesilla, partió.

No volvió a verle, ni a hablar de él. Cada vez que le llamaba, su secretaria ponía alguna excusa para su ausencia. Hasta que un día desapareció sin decir a nadie a dónde había ido, o al menos no quería que ella lo supiera porque todos a los que preguntaba le contestaban lo mismo, "David no está y no ha dicho dónde iba a ir ni por cuanto tiempo". Elena supuso que finalmente hizo lo que quería hacer, abandonar todo para ser feliz, y después de todo, lo hizo sin ella. Sabía que era culpa suya, jamás debió irse de aquella cabaña, no así. Era doloroso y duro para Elena, pero no tenía solución.

Ahora, por fin, había alcanzado todo lo que se suponía que quería, lo que se suponía que era su sueño: tenía todos los medios posibles, posición, dinero, influencias y, aunque no le faltaban las relaciones, sabía que jamás conseguiría algo como lo que tenía con David, jamás de una forma de tan plena. Esa mancha, a la vez que otras de su pasado, le hacían imposible conseguir la felicidad.

[...]

Ricardo tuvo un gran amor en su vida a parte de Laura. Ella era la consagración, la madre de sus hijos, la definitiva... El otro amor fue cuando tenía apenas diecisiete años.

Fue aquí mismo, en su ciudad natal, donde una niña de quince años le había trastornado los sentidos. Mucha gente se atrevió a decirle que era ese amor de la adolescencia que te sumerge en un estado de pavería, pero para él fue algo más que el simple hecho de contemplar a una niña bonita. Con María pasó verdaderos momentos, ella era su amiga, su confidente, su compañera y su amor. Con ella descubrió los verdaderos encantos y caminos del amor, nunca podría olvidar aquel primer encuentro a escondidas donde supieron de lo que era el amor.

—Richi tengo miedo. — dijo ella mientras se dirigían aquella tarde de verano hacia la vieja casa en ruinas.
—María no seas niña, yo estoy contigo y nada malo te sucederá.

Cada vez que Ricardo hablaba así, María se sentía protegida y el miedo no es que desapareciese, pero si se hacía diminuto. Habían llegado a la casa, no todo estaba en ruinas, conservaba dos habitaciones techadas que se convirtieron en salón y dormitorio para ellos y sus juegos de adultos. Vivían un matrimonio ficticio con un grado de veracidad en sus vidas. Improvisaron muebles de lujo, tal vez porque eso les motivaba más en la película de su relación y por qué no, de sus vidas.

—María, quiero proponerte algo.
—Sí Richi — dijo con ese tono de timidez que le caracterizaba y no es que fuese tímida, se podría decir que era sen-

sible, pero tenía un coraje y un arrojo que siempre le daba una fuerza especial para luchar y conseguir sus propósitos.

—Tu y yo nos queremos, pero nunca hemos hablado de...

Cuando hablaban entre ellos nunca estaban nerviosos pero esta vez Ricardo tenía un tono de voz raro, nervioso, algo distinta a otras veces que hizo que María se pusiera alerta.

—Richi, ¿por qué estás tan nervioso? Si tú quieres, hablamos de ello.
—No es eso María, es que me gustaría... - en ese momento Ricardo se levantó del improvisado sillón y se puso a mirar por un ventanal de la habitación. — Me gustaría que fueras la primera mujer en mi vida, la única... sé que sería un descubrimiento para los dos. — hubo un gran silencio que le hizo seguir hablando — Por favor, di algo.
—Richi, te quiero, pero no estoy segura y no sé si estoy preparada...

Ricardo se acercó a ella y la tomó por los hombros en el momento que acabó la palabra preparada, se encontró con los labios de él y se fundieron en un beso, se querían y sus cuerpos respondieron a esa oleada de deseo, entre miedo, excitación y curiosidad por el descubrimiento de sus cuerpos desnudos ante situaciones nuevas, fundiéndose así en un nuevo juego del amor.

Ahora el amor se convirtió en parte del juego cotidiano, se consideraban como un matrimonio, no pensaban en nada del exterior, eran felices y no es que estuviesen apartados de la vida del mundo, pero vivían su propia historia.

Cierto día, María no apareció en la vieja casa pese a haber quedado. Ricardo se inquietó, pero se consolaba como otras tantas veces que sabía a ciencia cierta que el carácter de María le traería problemas, una mala contestación o sencillamente un arrebato suyo suponía un castigo por parte de sus padres. Ese día esperó, pero su espera fue en vano, María no apareció, ni ese día ni los siguientes.

Ricardo sintió un vacío en su interior, tenía ganas de verla, de comprobar que estaba bien, de averiguar qué ocurría. Decidió ir a su casa y comprobarlo. Cuando llegó a la casa de María se sorprendió al ver la puerta cerrada. Llamó a golpes, pero no recibió respuesta. No había nadie en el lugar.

Cuando dejó de insistir y se dio cuenta de esa realidad, por su cabeza pasó de todo, desde que podía haber surgido un día de compras, una excursión familiar... Todo era posible con la familia de María, pero día tras día acudía a su casa y la respuesta fue la misma, no había nadie ni aparentaba volver a haberlo en ningún momento. Jamás pudo imaginar que se fuera así, sin despedirse ni decirle nada.

Llegó a sus oídos que la familia Lark se había mudado y que la decisión fue tomada varios meses atrás. La partida fue tomada por sorpresa por el barrio y por Ricardo, que sentía que parte de su vida se había esfumado con ella. El vacío interior era impresionante, quería a María demasiado como para resignarse y se decidió a averiguar el porqué de su partida y de su familia.

Empezó con los vecinos que siempre le facilitaban la misma respuesta, que había sido una sorpresa y que nadie sabía nada, no se habían despedido de nadie. Continuó su investigación en el banco donde el padre de María trabajaba, pero no terminó de creer la explicación, allí le decían que había pedido un traslado voluntario a un pueblo de la costa y que pese a que el puesto disponible era inferior en categoría al que poseía D. Ricardo, que hasta el momento era de director de esa sucursal, no importó y lo aceptó. Todos sospechaban que el motivo era de una gravedad extrema, algo relacionado con la salud de su mujer, pero Ricardo no podía asimilar que algo así no se lo hubiera comentado su amada, que siempre le contaba todo. Pese a sus sospechas todo parecía tener sentido y todos en el pueblo aceptaban la decisión tomada por la familia por lo que Ricardo desistió en su investigación y trató de seguir adelante sin ella.

Este evento marcó la vida de Ricardo para siempre y le provocó un vacío de unas dimensiones incalculables, más aún cuando recibió una carta de María con el siguiente contenido:

"Querido Richi,

Me imagino que estarás muy enfadado conmigo y no te quito razón, pero tuvimos que marchar al nuevo destino de papá, se lo notificaron de improviso y le pidieron una pronta incorporación. Él pensó que debíamos irnos todos pues es un lugar tan lejano que no podría vivir sólo, aunque fuese por poco tiempo.

Ahora debo dejarte, pues con la mudanza tengo muchas cosas que hacer.

Te quiere,
María"

Todo era demasiado extraño y distante, tan frío y discordante con lo averiguado por Ricardo. No había relación con la "supuesta" enfermedad de su madre. Pero no hubo más cartas con las que comparar, ninguna explicación adicional. Sólo fue una despedida. Ricardo no entendía nada, pero no podía hacer nada y esa impotencia, le marcó de por vida.

A sus cuarenta y cinco años era un hombre de posición, consiguió llegar a ser abogado y montó un despacho que le iba muy bien. Era respetado y querido por sus vecinos y amigos. Tenía un hogar junto a Laura, la esposa que amaba. Pese a todo, siempre tuvo la impresión de que algún día ese vacío, esa impotencia, esa pieza que le faltaba para entender todo lo que pasó, llegaría a sus manos. Sus paseos a la orilla del río eran como la búsqueda de esa respuesta pues era allí donde estaba la casa en ruinas donde tuvo su primera experiencia y donde compartió un gran amor.

Se prometió más de una vez contarle todo a Laura, pero siempre que lo había intentado había surgido una situación que no era adecuada hasta llegar al momento actual, en el que ya no sabía cómo contárselo. No quería dañarla.

Laura por su parte, sabía que Ricardo tenía un vacío por algo ocurrido en el pasado y más de una vez tuvo el impulso de preguntar qué era, cómo podía ayudarle, por qué esa mirada perdida cuando paseaban junto al río, pero nunca lo hizo. Sólo le contó que hace mucho tiempo alguien le había hecho mucho daño y que prefería olvidarlo, pero ese dolor aún permanecía aferrado en su interior. Laura sabía que intentaba pasar página y seguir adelante, pero que, pese a todo, no le era posible.

Si algo podía hacerle recuperar la alegría y cambiar su mirada perdida era Isabel, su pequeña, su hija de cinco años. Desde que vino al mundo era la única luz que había en los ojos de Ricardo. Lo era todo para él. Cuando la tenía en sus brazos, la bañaba, le daba de comer o le contaba un cuento antes de dormir, su rostro sufría una transformación. Se había dicho un montón de veces en su interior que, por ella, valía la pena luchar y seguir sin tregua alguna, era su motor.

Un día, cuando terminó de contarle el cuento a la pequeña Isabel, porque lo leía entero pese a que la pequeña quedara dormida en el primer párrafo, le comunicó a Laura su deseo de volver a ser padre. Laura en ese momento se emocionó y con lágrimas en los ojos lo miró fijamente y le dijo:

—Yo también lo deseo de corazón, y sé que lo querrás tanto como a Isabel, pues eres el mejor padre del mundo. — se abrazaron intensamente llenos de esperanzas y futuro.
—Bueno, pues tendremos que poner nuestros granitos para hacer el deseo realidad, ¿no le parece, señora Smitch?

—Lo creo, señor Smitch.

Y de la mano, se dirigieron al dormitorio donde consumaron el amor que se profesaban.

A la mañana siguiente, Ricardo vio el sol a través de la ventana y se le antojó un día bello, lo contempló y se dio ánimos, viendo una gran luz llena de esperanzas y futuro.

—Soy un hombre afortunado, teniendo la familia que tengo. Hoy puedo decir que la vida es más bella cada día.
—Gracias — oyó a sus espaldas, pues Laura se había despertado y lo observaba desde el lecho.
—Te quiero y haré todo lo posible para que seáis felices.
—Ya lo haces cariño, te tenemos a ti y es suficiente.

Los cuerpos volvieron a fundirse con más fuerza, con más deseo, era como si un gran muro hubiese caído y tras él la belleza fuese tan impresionante que la mudez se hiciese presa de las cuerdas vocales y los ojos lanzasen destellos ante tanta inmensidad.

Ricardo estaba dispuesto a seguir su camino en paz y armonía y así lo demostraría al mundo. No se le podía pasar por la cabeza que un día, todos los recuerdos se le iban a agolpar y arrancarían nuevos sentimientos, iba a comprender todo lo que durante mucho tiempo le abatía.

Ya cuando llegó a su despacho, Ana, su secretaría, le iba a notar un cambio en su actitud, en sus palabras:

—Buenos días, señor Smitch — no eran unos buenos días rutinarios, tenía una mezcla entre asombro y alegría, pues después de muchos años trabajando para Ricardo, nunca le había visto con ese brillo en los ojos y esa cara de alegría que mostraba hoy.
—Buenos días, Ana, bonito día el de hoy.

Tras estas palabras entró en el despacho y estuvo trabajando todo el día sumergido en un clima de felicidad.

Ya finalizada la jornada se fue para casa y por el camino, paró para comprar a sus dos amores flores; rojas para la mujer que más amaba, en símbolo de agradecimiento por el simple hecho de existir y en prueba de ese gran amor que le profesaba, y blancas, para el retoño de su vida, porque a través de su hija veía un camino abierto a un seguir viviendo con felicidad. Se sentía satisfecho.

[...]

Hizo un movimiento brusco, como queriendo salir de estos pensamientos y así poder seguir su trabajo. Se mostraba dura consigo misma. Estos vagos pensamientos de la corta vida que le habían permitido la felicidad siempre los cortaba con brusquedad, como para demostrarse que era fuerte y que no iba a decaer. Prosiguió su trabajo, ni siquiera se dio un respiro para almorzar. Cuando hubo terminado de revisar las carpetas, llamó a Iván por el interfono, nadie contestó. Estaba tan sumergida en el trabajo que no se dio cuenta cuando su secretario se fue a almorzar y le dijo que si le traía algo. Fue entonces cuando decidió tomarse un respiro e ir al restaurante de la esquina. No era un local demasiado elegante, era uno de estos sitios donde puedes comer bien por poco dinero y rápido. Ingredientes que le venían mejor a Elena que los atractivos que le aportaban los lugares donde habitualmente solía comer. Con este sistema podría incorporarse rápido al trabajo.

No se tomó demasiado tiempo en la comida, y en hora y media ya estaba de vuelta, no sólo habiendo comido sino trayendo provisiones para quedarse hasta tarde trabajando. Estaba decidida, tenía que acelerar el trabajo pendiente para poder, en cuestión de dos meses, acercarse personalmente a todos los datos que conseguirían los dos detectives que había contratado, fue clara y concisa con ellos.

—Quiero un trabajo minucioso y no hay más que el nombre de una ciudad, Williams, Colorado. Sólo les puedo decir que todo lo referente a María Lark, mi madre, está en esta carpeta y que el inicio está en los catorce-quince años de ella.

—Un trabajo con poca información, con un escaso material, ¿no le parece señorita Lark?

—Lo sé, pero les pago para que investiguen no para que opinen y pongan objeciones. No hagan deducciones sin fundamentos, quiero pruebas palpables de todo lo que consigan. Si creen que no pueden hacer el trabajo, es el momento de decirlo.

—Lo intentaremos.

—No quiero que lo intenten, quiero que lo hagan.

—Entendido, señorita Lark.

—Aquí tienen un sobre con mil dólares para gastos y quiero que me informen a medida que encuentren nueva información. Aquí termina nuestra reunión. Buenos días, señores.

—Buenos días, señorita Lark, tendrá noticias nuestras —contestaron los detectives, estaban acostumbrados a tratar con personas como Elena, con lo cual no estaban sorprendidos, tendieron la mano y salieron del despacho.

Cuando entró en el pasillo que le comunicaba con su despacho se dio cuenta de que Iván estaba en su lugar de trabajo.

—Buenas tardes, ¿podría venir a mi despacho? — todo esto se lo dijo sin perder el paso que le conducía hacia su escritorio.

Iván tomó un bloc y una pluma y la siguió. Había conservado su puesto de trabajo porque le gustaba y nunca se le pasó por la cabeza hacer comentarios en contra de la actitud de su jefa, era eficiente y nada chismoso, le importaba su trabajo y era un gran profesional en su campo, él sabía que la señorita Lark le apreciaba por sus cualidades y se conformaba con eso.

Cuando entró en el despacho y después de tomar asiento en el lugar de costumbre, hizo un gesto como indicándole a Elena que estaba preparado para recibir órdenes.

—Bien, Iván, he revisado las carpetas y he hecho una serie de anotaciones al margen de cada compromiso, he cambiado fechas de viajes y reuniones, ahora deseo que usted lo haga real, no creo que tenga problemas. Con respecto al trabajo de esta semana, seguiré la agenda y este fin de semana empezaré a trabajar con todo lo del mes próximo, por eso le pido que realice ese trabajo lo más pronto posible, que haga fotocopias de todo lo redactado y me las entregue, para poder seguir un orden de trabajo, ¿lo ha comprendido todo?
—Perfectamente, señorita Lark.
—¡Ah! Otra cosa, le quería pedir un favor.
—Si está en mi mano...
—Como para el mes próximo he intensificado considerablemente el trabajo, desearía contar con sus servicios todos los días para poder realizar viajes y reuniones juntos. Una vez acabado este trabajo extra, es decir, dentro de dos meses, podría usted tomarse un mes de vacaciones. No tiene que contestar ahora, piénseselo y contésteme después del fin de semana.
—Ya tiene mi respuesta, cuente conmigo.

No es que le sorprendiera la respuesta, fue por el poco tiempo que se tomó Iván para pensárselo.

—Gracias Iván, no puede suponer lo que significa para mí su ayuda.
—Es mi trabajo.

Se levantó, recogió las carpetas y se dirigió hacia su escritorio, se concentró en todo lo pedido por Elena y empezó a trabajar.

Los próximos días fueron muy duros, Elena no se tomó un respiro, acondicionó el despacho de su casa para el fin de semana y se metió en él, trabajando constantemente. Sólo descansaba para comer y, cuando el sueño le invadía, se tomaba unas horas para dormir.

La intensidad del trabajo se prolongó durante todo el mes, Iván y ella trabajaron conjuntamente y el resultado de ese trabajo fue el adelanto de las tareas de los próximos cuatro meses. Tuvo que pedir favores, adelantar reuniones con altos cargos...

Cuando todo estuvo terminado, tan solo le habían quedado diez reuniones en el extranjero imposibles de eludir, se requería su presencia para importantes contratos, contratos millonarios para la empresa a la cual representaba. Había otra cosa que quedaba pendiente: las conferencias de Tokio para mayo, fue como un impulso que le decía que debería ir allí en la fecha establecida desde un principio pese a que no era indispensable su presencia.

El uno de abril estaba todo listo para empezar aquel periodo de seis meses que se había concedido para verificar sus presentimientos.

Para esa misma tarde, tenía una reunión con los detectives, para recibir el último informe que comprendía las últimas averiguaciones y el resumen de toda la investigación. Les había pedido que los últimos días se abstuviesen a enviarle nada, con el fin de no entorpecer su trabajo.

Iba a abandonar el despacho para dirigirse a casa, pero antes llamó a Iván, tenía que concretar con él los últimos detalles:

—Iván, venga a mi despacho, por favor.

A los pocos segundos, el eficiente secretario estaba en el despacho de su jefa. Cuando entró, Elena le agradeció la colaboración que le había prestado y su gran dedicación, cosa que asombró a Iván notablemente. Primero por la sorpresa y segundo porque quien le agradecía era una persona a la que admiraba profundamente. El secretario se mostró gratificado por sus palabras y le hizo ver que sólo había hecho su trabajo, a lo que Elena le entregó un sobre y le indicó que en el mismo se hallaban tres mil dólares y la posibilidad que disfrutara del mes de vacaciones prometido. Pese a que su vuelta Elena no estuviera, estaría disponible en todo momento para cualquier contratiempo en la agenda actual. El secretario se despidió y tras mostrar nuevamente su agradecimiento, abandonó el despacho.

Elena recogió para dirigirse a casa, estaba cansada y a la vez un poco inquieta por la entrevista que tenía esa tarde. Antes de recibirla quería tomarse un baño para relajarse y descansar, habían sido dos meses agotadores en los cuales no se había concedido ni un momento de respiro. Su cuerpo se resentía, se había abandonado un poco, echaba de menos sus clases de yoga como su tiempo de meditación, así como esos placeres culturales como la lectura, el teatro y los conciertos. Pero ya se daría el tiempo robado, presentía que todo iba a salir bien, que su esfuerzo iba a merecer la pena, que sus presentimientos iban a ser ciertos y que ese padre, olvidado por su madre, muerto para ella iba a estar y que iba a comprender muchas cosas.

Ya le costó comprender el abandono de la madre que la trajo al mundo, no sólo la intento comprender, sino que la aceptó y que si un día se apartó de ella fue porque no comprendía su amargura y su cara de dolor cada vez que la veía.

Si todo resultaba bien, le hubiese gustado decírselo, pero ya no podría pues hace menos de cinco años, recibió un telegrama de su abuelo en el que le decía que su madre no soportaba seguir viviendo en este mundo y les había abandonado. Con estas palabras tan decoradas, típicas de su abuelo, le había comunicado que su madre se había suicidado. Elena no pudo sentir el dolor, puesto que no llego a tener un gran apego con ella, pero la perdonó e intentó comprenderlo, aunque nunca supo quererla como madre. Desde muy pequeña, había sido internada en lujosos colegios y pasaba muy poco tiempo con ella. Siempre pensó que su madre había sufrido mucho pero que hubo un momento en el cual se abandonó y eso le había sumergido en un estado de apatía total. Quizás el ver a su madre hundida fue lo que le dio más fuerza para luchar y llegar donde estaba hoy.

Siempre sintió que su madre le culpaba de su desdicha, de sus fracasos, como si fuera la causa por la cual su vida se quebró. Al fin y al cabo, fue el motivo por el que dejó sus estudios, la ciudad donde había sido feliz y, sobre todo, fue el motivo por el que abandonó al único hombre que había existido en su vida, el hombre que fue vedado a Elena, el padre que estaba muerto. Ella no tuvo el coraje de enfrentarse a todo y maldijo a su hija para siempre privándola de lo que más necesitaba, el calor y el amor de una madre.

Elena siempre se había sentido huérfana de madre, a pesar de tenerla y tenía este sentimiento por el rechazo que había recibido. En cambio, a ese padre que nunca existió en su vida lo idolatraba, lo sentía cerca y por ello, nunca creyó que hubiera muerto y lo iba a demostrar le costase lo que le costase.

Habían pasado dos horas desde que Elena se metió en la bañera, y aunque estos pensamientos le producían mucho pesar y nerviosismo, se encontraba relajada. El agua caliente con la espuma de sales era el tónico que mejor le funcionaba. No quería correr, aún tenía tiempo para prepararse para la cita con su pasado.

Por los detectives había sabido que sus abuelos se habían ido precipitadamente con su hija, es decir, su madre, y que ésta tenía un grupo de amigos muy extenso, pues según le habían dicho su madre era una persona muy jovial y abierta, aunque con mucho carácter.

De todos los amigos que había tenido su madre, fue con uno con el que mejor se llevaba y otro que era su confidente con el que compartía todos sus secretos. En verdad su madre había tenido un doble juego. Le parecía un poco raro a Elena, pues nunca pudo deducirlo de su madre, no la había conocido ni jovial ni abierta.

Los detectives habían seguido la pista a estos dos amigos que eran los posibles candidatos pues, como le dijeron los detectives, sus abuelos se fueron del pueblo porque su madre estaba embarazada y no por una supuesta enfermedad de la abuela, como era la versión oficial, el juego del abuelo durante toda su vida, esa gran apariencia ante los demás para encubrir la realidad. Hipocresía.

Ya estaba en el camino de la verdad, pero tendría que discernir cual de esas dos ramas era la correcta y para ello, tendría que comprobar las dos. Si con ellos no obtenía resultados, si ninguno de los dos era su padre, se tendría que conformar con la versión de su madre, que era la muerte de su padre siempre la misma historia...

—Mamá, cuéntame cómo murió mi padre.
—Siempre estás con lo mismo, intentando remover el pasado. Está bien. — dijo María a su hija, después de tomarse un respiro- pero prométeme que nunca más hablaremos de ello.
—Te lo prometo. — y en verdad fue la última vez que se lo preguntó pese a sus dudas.
—Éramos una pandilla de críos — siempre trataba de enfundar todo lo que decía, se podía decir que era digna hija de su padre — aunque yo parecía mayor, es más me

encontraba más mayor ya no sólo físicamente sino en acciones y mentalidad. Los demás eran unos críos excepto tu padre. — cuando le mencionaba se le encendían los ojos por la emoción — Con él lo pasaba realmente bien, ¿sabes? Teníamos nuestra propia casa, que era un caserón en ruinas, pero que nosotros acondicionamos para nuestros juegos. Allí, fui feliz — la tristeza volvió a aparecer en sus ojos.

—Mama, por favor — Elena llamaba la atención de su madre pues hubo un momento en el que pensó que estaba totalmente abstraída y temía que el relato se diese por finalizado.

—¡Ah! Sí, nuestros juegos, es como si tu hubieses sido engendrada de los juegos — Era evidente que su madre no medía las palabras, le daba igual hacerle daño a su hija — Pero bueno, me estoy saliendo, lo que tu querías saber es cómo murió tu padre. Él era un aventurero y un día me dijo que quería escalar unas piedras enormes, que le acompañase para poder ver su gran proeza, le acompañé y cuando llevaba lo más difícil hecho, se cayó. Fue horrible... Yo lo vi todo... - La madre de Elena lloraba, las lágrimas y sollozos se apoderaron de ella y su relato se dio por finalizado, fue como si te cortaran un dedo, sigues con vida, pero con un dedo menos y lo peor es no sabes por qué te lo cortan.

Elena tenía esos recuerdos de su madre y nunca creyó esta versión, siempre pensó que faltaba algo; muchas veces habría querido ir a preguntarle al abuelo, pero no se atrevió, él nunca hablaba del pasado y mucho menos del padre de Elena, es más ella estaba convencida de que su abuelo lo sabía. Con respecto a su abuela, no se fue enferma de la ciudad, pero cayó pronto en ese estado por lo que dijeron, tenía el presentimiento que el motivo de tales males era el embarazo de su hija y, por consiguiente, su nacimiento.

Ahora Elena iba a recibir el final de la información y ella misma iba a llegar hasta estos dos hombres. Si alguno de ellos resultase serlo sería difícil llagar a comunicarle que era su hija, la hija de María, la mujer, niña que un día partió, tendría que contarle la versión de su madre. Ahora no quería pensar en el posible rechazo, en la negativa, en el fracaso. No se olvidaba de que habían pasado veintiocho años desde todo aquello y que él tendría su vida formada, no quería hacer daño, sería injusto hacer lo que le habían hecho a ella, privarle de una familia.

Ya era casi la hora de que llegasen los detectives con el final de su investigación y el principio por otra parte de la de Elena. Tenía que arreglarse e inmediatamente se puso a hacerlo. No tardó demasiado y se dirigió a la cocina para preparar un poco de café. Mientras lo estaba haciendo sonó el teléfono, dejó que sonara un par de veces más y después, lo cogió.

—Lark, ¿dígame?
—Hola Elena — No podía ni sostener el teléfono, era David, era su voz. - ¿Estás ahí? Elena, Elena...
—Sí, perdona, eres tú... - no podía ni hablar
—Sí, soy David, estoy aquí en Nueva York y deseo verte, ¿es posible hacer un hueco en tu agenda?
—Sí, claro... - acertó a decir
—Bueno, pues a las ocho en el restaurante japonés entre la cincuenta y tres y la sesenta y cuatro.

No la dejaba hablar, como si quisiera dar el mensaje y cortar rápido la conversación, bueno conversación no, porque no se le podía llamar así. Elena consiguió decir cuando salió de su asombro:

—¿Restaurante japonés?
—Sí, recuerda que nos conocimos en Japón.
—Sí, lo recuerdo...
—Buenos, pues hasta las ocho.

Colgó el teléfono sin darle tiempo a decir nada más. No salía de su sombro. Después de dos años daba señales de vida alguien a quién había amado mucho y no podía decir a ciencia cierta si seguía amando, estaba totalmente desconcertada, no pudo pensar mucho más pues sonó el timbre de la puerta y eso la devolvió a la realidad. Fue a abrir, eran los detectives:

—Señorita Lark.
—Sí, pasen. Por favor. — entraron al darles paso — Tomen asiento. Me disponía a tomar café, ¿desean que les traiga una taza?
—No gracias — contestaron al unísono al tiempo que se disponía uno de ellos a sacar la documentación sobre la investigación.

Elena se dirigió a la cocina, en busca del café y volvió al salón con la taza.

—Bueno señores, ¿tienen las fichas?
—Si, Señorita, Lark, aquí tiene las fichas de los dos. Llevan vidas muy distintas: uno trabaja en Washington como secretario particular de un senador y el otro permanece en Williams (Colorado), ejerce de abogado en un bufete propio, le funciona muy bien.

Elena estaba abstraída mientras le daban la documentación con la información que le indicaban, se acordaba de la ciudad de Williams, cuando a los quince años pasó por allí. Iba de excursión con el colegio y se sorprendió una mañana, que salió a pasear sola, sentada en la orilla de un río, le era familiar, aunque no había estado nunca allí, y aquel señor fue tan amable al compartir aquellos bellos momentos. Recordaba que le dijo que algún día se volverían a ver.

Si tuviese que volver a Williams, intentaría localizarlo.

—Señorita Lark, con esto creo que nuestro trabajo ha terminado, salvo que quiera usted que continuemos y seamos nosotros los que lleguemos hasta estos señores.

—No gracias, han realizado ustedes un buen trabajo, aquí tienen el sobre con sus honorarios.

—Gracias, si necesita nuestros servicios en otra ocasión, estaremos gustosos en atenderla.

—Espero no necesitarles, de todas formas, muchas gracias.

— Al terminar estas palabras se levantaron y Elena los acompañó hasta la puerta y se despidieron.

Una vez se hubieron marchado, Elena recogió las fichas de encima de la mesa y las observó con detenimiento mientras pensaba en si sería el principio del final, en cómo saldría, con el temor que todo aquello le provocaba, aunque mezclado con unas grandes esperanzas de esclarecer todo. Primero iría a Washington a ver al señor Fischer.

Estaba otra vez en marcha, no se daba un descanso, quería terminar todo, aunque le produciría un poco de pesar el pensar que sus presentimientos tan sólo tenían un cincuenta por ciento de veracidad y con ello ya exageraba.

Tomó la agenda y buscó el número de la agencia de viajes que solía utilizar, marcó el número y se puso al aparato una señorita, reservó pasaje de avión para el día siguiente por la tarde en primera clase, para darse tiempo en prepararse y organizar lo que necesitaba llevar.

Recordó su cita con David de dentro de dos horas y se puso un poco de música, un concierto para piano y orquesta del gran Beethoven. Hacía mucho tiempo que no gozaba de un momento así y se estaba dando cuenta de que lo echaba de menos. Era un placer para ella sentarse cómoda, sin prisas y tan solo escuchar buena música.

Cuando sonó el clip del final del concierto habían pasado cuarenta minutos, se sentía totalmente relajada. Pensó de nuevo en David y en la cita que tendría esa noche con él. Habían pasado dos años y, sin embargo, lo sentía cerca, aunque le sorprendió su llamada después de tanto tiempo. Pensó que se había olvidado de ella dado que no había tenido noticias suyas desde que le dijeron unos conocidos en común que había abandonado su trabajo.

¿Cómo estaría? Lo recordaba tan bello como aquellos últimos días que pasaron juntos en la cabaña en los Alpes Suizos. Fueron unos días maravillosos y aunque a los dos les gustaban los deportes de invierno, los practicaron poco. Fueron días intensos donde estaban el uno para el otro.

Elena recordaba cuando David le pedía que le diese masajes en la espalda perfecta e inmensa que tenía, le encantaba acariciarlo y su espalda tenía una gran extensión para hacerlo, siempre empezaba dándole el masaje solicitado y terminaba acariciando aquel cuerpo del hombre que amaba.

Hoy tenía una cita con él y no sabía qué hacer, cómo reaccionar, cuanto le hubiese gustado ser, en ese momento, espontánea, de acciones rápidas, olvidarse de esa precisión constante en su vida. Ahora tenía que arreglarse para ese encuentro y estaba bastante nerviosa, no sabía ni que ponerse. Se dirigió al cuarto y se puso delante del armario. Después de pasar un par de minutos delante de su extenso vestuario se decidió por un traje azul de dos piezas, falta y chaqueta, aunque le parecía algo serio, decidió que era el atuendo adecuado para aquella ocasión. El tiempo restante, lo dedicó a arreglarse.

A las siete y media ya estaba en la calle buscando un taxi que le llevara a su cita. Se acordaba perfectamente del lugar que le había dicho David, entre la cincuenta y tres y la sesenta y cuatro. No había estado nunca allí, era una cosa que le sacaba de quicio, acudir a un lugar desconocido, pero esta vez lo veía diferente, excitante, sin ningún tipo de planteamiento previo.

Cuando llegó al restaurante contempló la fachada, le recordó a la infinidad de restaurantes japoneses de Tokio, aunque todo le parecía más artificial, no era un restaurante de lujo, pero parecía acogedor. Cuando entraba sintió que todo el mundo le miraba, aunque todos los presentes en el local estaban a lo suyo. No había mucha gente, le echo un vistazo y en la parte derecha había una mesa de cuatro, dos parejas que hablaban en un tono alto y alegre. Mas al fondo, había otra pareja que más que comer lo que hacían era mirarse a los ojos prometiéndose todas las cosas románticas que eran posibles, y en el centro había un señor ruso que leía el periódico a la vez que comía, era de esos señores que no escogen sitio para comer, sencillamente entran en un local, piden la comida y realizan el trámite lo más rápido posible para volver a sus quehaceres. Al fondo a la izquierda Elena detuvo su mirada, estaba David mirándola, le hizo una señal con la mano que respondió con la cabeza y se acercó lentamente a la mesa sin dejar de mirarle, había cambiado. Lo encontró más sereno, más maduro, sus facciones estaban más acentuadas. Aquel joven impetuoso estaba muerto en él, como si en estos dos años hubiese reflexionado sobre su vida, hubiese vivido experiencias fuertes que le hubieran aportado madurez.

Llevaba un traje de chaqueta de dos colores, los pantalones azules de pinzas que tan elegantes le resultaban, y una chaqueta de color burdeos. Su camisa era de color naranja pastel y la corbata a juego con el pantalón. Todo ello era una mezcla de elegancia y sport.

Cuando llegó Elena a la mesa, David estaba de pie.

—Hola, David

—Hola, Elena — se encontraban uno frente al otro con una tensión especial en el ambiente.

—Por favor, siéntate. — se sentaron los dos y en el momento, se acercó el camarero — dos Martini blancos con aceituna por favor — se dirigió a Elena - ¿te parece bien?

—Sí, perfecto, ¿cómo estás?

—Bien — se le notaba nervioso - ¿y tú? Bueno ya veo que estás muy bien y supongo que tan ocupada como siempre. se sorprendió al decir esto pues se había propuesto no ponerse tan agresivo. Elena reaccionó rápidamente:

—No, por favor, reproches ahora no, supongo que no me has citado para eso.

—No, disculpa. ¿Sabes? Pensé que no serías capaz de irte aquella mañana y mucho menos sin despedirte, pero bueno eso pertenece al pasado.

—Intenté ponerme en contacto contigo durante meses, lo estuvo intentando hasta que me dijeron que te habías ido, entonces comprendí que no te volvería a ver... Me ha sorprendido tu llamada, y si te soy sincera, me alegro mucho de que lo hayas hecho. — En ese momento llegó el camarero con las copas, las depositó encima de la mesa sin decir nada y se marchó.

—Elena tu sabías que iba a dejar de trabajar y que iba a tomarme un descanso para vivir, para hacer esas cosas que nos gustan y que siempre dejamos de lado.

—¿La has hecho?

—Sí, pero, aunque te parezca ridículo, te he echado de menos, has estado en mi mente y no sé si he disfrutado tanto de esas cosas como pensaba hacerlo, me hubiera gustado compartirlas contigo. Pero tu tenías que trabajar, para qué tanto, pero bueno, eso pertenece a tu vida y sólo a tu vida... - Elena le escuchó, las palabras... sus palabras estaban llenas de tristeza.

—David, yo también te he echado de menos, no quiero que pienses que consideré nuestra relación una simple aventura.

—Pues a mí me dio esa sensación. — el dolor de David se hacía eco en sus palabras, y en ese momento, le dio un giro a la conversación. — pero bueno, todo acabó, vuelvo al trabajo, por eso estoy en Nueva York y mañana parto para Estocolmo ¿pero sabes? Aun así, necesitaba verte, para que supieras que no te he olvidado, que aquella relación me ha perseguido y quería comprobar si era posible olvidarte. Pensé que la mejor manera era despidiéndome.

—¿Me has llamado para despedirte? ¿Cuánto tiempo llevas en Nueva York?

—Llevo una semana y sí, te he llamado para despedirme, sencillamente quería verte antes de irme.

—David, por favor, olvida esa postura dramática, no has podido cambiar tanto como para actuar así, ¿qué quieres de mí? ¿qué te pida perdón? Pues bueno, si es eso, te lo pido y lo hago de corazón. Pero que sepas que no fuiste sólo tu quien sufrió las consecuencias, tu sabías que para mis eras como una gota de agua en el desierto de mi vida y que si me fui fue porque tenía que finalizar unos trabajos. Eso no quiere decir que me olvidara de ti y es más no me he olvidado. Ya te he dicho que te he echado de menos y... ¡Maldita sea!... No te das cuenta de que te quiero, pero no sé cómo hacerlo... - David se quedó mirándola atónito, era como si los papeles se hubieran cambiado. Tenía ante él a una mujer autosuficiente pidiéndole que la ayudara a quererle y se encontró sin palabras para responder. — Por favor, no te quedes ahí mirándome y dime algo — Por fin, David salió de su asombro.

—¿Me has dicho que me quieres?

—Sí, ¿tan extraño te parece?

—Pues sí, nunca te lo oí decir.

—Pues ahora te lo digo, David te quiero, siempre te he querido y te pido que me ayudes a aprender a demostrártelo. Han sido dos años muy difíciles.

—Elena si me dejas estar a tu lado, no tendrás que demostrarme nada, porque sólo con dejarme compartir tu vida es suficiente para mí — tenían las manos entrelazadas entre sí, no dejaban de mirarse a los ojos, hasta el punto de que Elena estaba a punto de romper a llorar - ¿quieres que nos vayamos?

—Sí, por favor. — llamaron al camarero, pagaron y salieron del restaurante. Ya en la calle tomó a Elena por los hombros y la apretó contra su cuerpo, busco sus labios y la besó. Un beso tan lleno de amor, de tantos sentimientos guardados que terminó por soltar toda la tensión acumulada de estos dos años de ausencia. Cuando la respiración se hizo necesaria se separaron y David le dijo en un susurro.

—Como te he echado de menos, te quiero... te quiero.

—Yo también.

Se pusieron a caminar, cogiéndola David por la cintura y ella apoyando su cabeza sobre su fuerte hombro.

—Vamos a casa – dijo Elena

David levantó la mano y paró un taxi y se dirigieron a casa de Elena, donde nunca había estado David, los consideraba sus dominios, su fortaleza.

Cuando abrió la puerta vio el gran salón con pocos muebles, pero muy bien decorado, a la derecha había un gran ventanal que daba a una pequeña terraza en la cual había una mesa y unos sillones de mimbre que hacían juego con la gran cantidad de plantas que había en el fondo. Ya en el salón, tras subir un par de escalones, estaba su escritorio y unas estanterías repletas de libros, había una puerta a la izquierda, pensó que era una habitación. Luego comprobaría que era así y que también había un aseo, más a la izquierda había una escalera y cerca de la entrada, también a la izquierda, estaba la cocina poco amueblada, pero completa, estaba dividida por unas columnas de un coqueto office. En el centro del salón había dos sofás de piel negros con una mesa baja, todo ello mirando hacia un mural muy sencillo que albergaba un fabuloso equipo de música y más libros.

Este recorrido rápido lo hizo David en cuestión de minutos pues lo interrumpió la voz de Elena que lo invitaba a pasar.

—Esta es tu casa.

—Gracias, pero prefiero pesar que es la tuya y espero poder llegar a decir que es la nuestra — tras decir esto la atrajo hacia él y la beso, luego continuó -en vistas de que no hemos cenado en el restaurante, permíteme que te prepare la cena si es que tienes algo en casa.

—Tiene que haber cosas en el congelador y además están las socorridas latas.

—Pues entonces tú preparas las copas y yo me pongo el delantal.

—De acuerdo, jefe — dijo Elena al tiempo que le daba un beso en la mejilla.

Se acercó primero al equipo de música y busca una música suave. Luego se fue hacia las escaleras para subir al dormitorio y ponerse cómoda. Oyó decir una vez que cuando una mujer se ponía cómoda era que se desnudaba, le parecía una grosería porque vino de un hombre.

Eligió una bata dejando debajo el body blanco que llevaba puesto. Se miró al espejo y se vio bella, llego a pensar que estaba un poco provocativa, pero fue un pensamiento vago, abajo estaba el hombre que quería y lo demás no tenía importancia.

En la pequeña cocina, David estaba preparando una ensalada de maíz y bonito, se había quitado la chaqueta y la corbata para no manchárselas y para estar más cómodo, se había puesto el delantal, parecía el típico hombrecito afanado que trata de conquistar a su pareja por medio de la comida. Había visto nueve semanas y media, la escena que más le llamaba la atención por el erotismo que poseía era la de la cocina, aunque nunca le había gustado el papel posesivo y sadista del protagonista.

Elena bajo las escaleras y fue a poner los Martini, luego se dirigió a la cocina donde se encontró a David muy atareado decorando varios platos fríos. Esta escena la había vivido más de una vez, le gustaba observarlo, tenía una gran delicadeza que se plasmaba en todo lo que hacía.

Pasaron unos minutos hasta que David se dio cuenta de que Elena lo estaba mirando, pinchó una aceituna con un palillo y se dirigió hacia donde estaba su observadora.

—Estás preciosa — le ofreció una aceituna y le dio un beso — Bueno mi trabajo está casi terminado. ¿Pones la mesa damisela?

—Como ordene el señor — le dio el Martini y se dirigió al salón a despejar la pequeña mesita, mesita que siempre sufría el gran peso de libros y revistas.

Cuando todo estuvo a punto, cenaron en un ambiente relajado, apacible, como si continuasen su romance desde los Alpes, no gozaban del fuego de la chimenea, pero a través del ventanal entraba la luz de la luna que, aunque no se encontraba en su plenitud hoy se antojaba caprichosa y destellaba en un gran resplandor.

—Elena, ¿cómo estás realmente? — sorprendió con la pregunta, pero sabía que era necesario contestar, dado que era el motivo de sus problemas pasados.

—Ahora, muy bien

—¿Sabes qué te pregunto?

—Sí, David, lo sé.

—¿Quieres hablar de ello?

—Si tú quieres escucharlo, yo te lo cuento, pero por favor, no me interrumpas hasta que haya terminado.

—Está bien, soy todo oídos, sólo quiero que sepas, antes de empezar, que estoy contigo y siempre lo estaré si me lo permites.

Elena empezó su relato, lo empezó desde que salió del colegio mayor y se alejó de su familia; primero le contó los esfuerzos que tuvo que hacer, el gran camino que recorrió hasta llegar donde se encontraba ahora, a todo lo que tuvo que renunciar, incluso a él, porque en aquel momento sólo tenía el objetivo de estar en la cima y empezó a hablar de su familia y para ello volvió a remontar al pasado. Habló de sus abuelos maternos, de su madre y, por último, de su presentimiento, el cual la hizo fuerte y la hizo ser como era en la vida. La hizo escalar puestos y que fuera rechazada por muchos y admirada por otros. Era tan fuerte ese presentimiento que la hizo, incluso, renunciar a su condición de mujer, rechazando todo aquello que la mantuviese alejada de que algún día ese presentimiento fuese algo más que eso.

También le hablo de la investigación encargada a los detectives y de la documentación que había conseguido, por último, le dijo la situación en la que ahora se encontraba y de lo que tenía pensado hacer, su primer camino hacia Washington y si allí había una respuesta negativa se dirigiría hacia Williams.

Había estado durante cuatro horas sin interrupciones y tenía una sensación de desahogo que la hacía sentir bien. Cuando hubo terminado miró a David con una interrogación en los ojos, pero no se atrevió a decir nada. Sabía perfectamente que ahora si se había entregado al hombre que tenía enfrente en cuerpo y alma.

—Has pensado en la posibilidad de que tu presentimiento sea sólo un presentimiento.
—Sí, lo he pensado y aunque sé que será dura, nunca me quedará la sensación de vacío que tengo al pensar que no lo he intentado.

—Eres una gran mujer, ahora comprendo todo. Tan solo me queda una pregunta: ¿Por qué no me lo has dicho antes?

—Por miedo a perderte por un lago y al ridículo por otro.

—Yo estaré siempre contigo, quiero que lo sepas y que comprendo que lo quieras hacer sola, pero quiero que también me llames si me necesitas y si todo está bien que me hagas partícipe de tu felicidad, si para entonces sentimos y creo que será así, lo que sentimos ahora quiero que pertenezcas a mi vida y quiero pertenecer a la tuya. — tras decir todo esto, la atrajo hacia sí y la estrechó entre sus brazos diciéndole suavemente al oído — Gracias por dejarme entrar a tu vida.

Estaba amaneciendo, ya la luna había decidido marcharse para darle paso a su gran amado, el sol. Elena y David subieron las escaleras para dirigirse al dormitorio, dormitorio grande con una cama central donde unieron sus cuerpos como nunca lo habían hecho antes. Entregaron lo mejor de cada uno, se hicieron el amor hasta que las fuerzas les faltaron y quedaron dormidos abrazados.

Cuando se despertó Elena, eran las tres y media de la tarde y tenía poco tiempo para prepararse para su viaje hacia su futuro, hacia la veracidad de su presentimiento, estaba llena de energía y sólo podía pensar que todo iba a salir bien.

Miró a David, dormía, le gustaba verle dormir, era como un niño. Se levantó despacio para no despertarlo y empezó a preparar el equipaje, cuando hubo terminado bajó a la cocina e hizo café, asó podría tomarlo mientras revisaba toda la documentación que le habían traído los detectives, la iba a necesitar más adelante.

—Buenos días — miró la ventana y volvió a decirle — buenas tardes más bien ¿qué tal estás?

—Apurada pero muy bien. Mi avión sale a las siete.

—¡Son las cinco menos veinte! ¿Tienes todo listo?

—Sí, sólo me tengo que arreglar yo y lo voy a hacer ahora, esto está todo.

—Me arreglo rápido y te acompaño al aeropuerto.

—Pero tú tienes que arreglar tus cosas para tu vuelo.

—Tengo tiempo de sobre, mi avión sale a las once — subieron y se ducharon juntos, sus cuerpos se abrazaron. Elena necesitaba más que nunca el apoyo de David, aunque en cierta ocasión se lo negase sin darle oportunidad a él de decidir.

Ya en el aeropuerto y cuando Elena se dirigía a la puerta de embarque, le dijo a David:

—Gracias por existir y por estar aquí conmigo.

—No eres tú la que debes dar las gracias sino yo y no sólo eso, te deseo lo mejor y te pido que no me excluyas, quiero estar en tu vida.

—Te prometo que no lo haré. — por los altavoces del aeropuerto daban el último aviso para su vuelo. — Debo irme. — se volvieron a besar apasionadamente y se marchó.

En el avión, Elena quedó dormida al poco tiempo de despegar, estaba cansada, pero estaba a gusto y relajada, tenía hora y media de vuelo y quería aprovechar para coger fuerzas, los últimos días habían sido muy intensos y las últimas horas muy profundas.

Cuando el avión tomó tierra, Elena estaba despierta y pudo ver el alboroto que había en el aeropuerto, siempre era igual, estos bullicios le sacaban de quicio, la gente corría, se empujaban. Ella tenía un poco de miedo a la multitud. Una vez hubo recogido su equipaje tomó un taxi y le pidió que le llevara al hotel Palace. Se dio cuenta que no había hecho reserva, pero esperaba que tuvieran alguna habitación y le pudieran hacer el favor, dado que ya la conocían debido a sus numerosos viajes de negocios.

El taxi le dejó en la puerta y el portero del hotel le abrió la puerta del coche, Elena pagó al taxista y bajó, el portero indicó al botones que cogiese el equipaje de Elena y ella fue con paso seguro al mostrador de recepción.

—Buenas noches, desearía una habitación.

—Buenas noches, señorita Lark, ¿tiene usted reserva?

—Esta vez no pude hacerla, es un viaje precipitado, espero que haya alguna libre.

—No se preocupe, intentaremos alojarla. — aunque sonaba a última solución, Elena sabía que tendría una de las mejores suites, como siempre, sabía que era una forma de actuar de las buenas recepcionistas. — aquí tenemos una, la trescientos cuarenta y siete — Indicó al botones, le entregó la llave a Elena mientras esta firmaba en el libro de registro.

—Muchas gracias.

Se dirigió al ascensor y subió hasta el tercer piso, el botones le abrió la puerta, le llevó las maletas al dormitorio y se despidió de Elena, ella le dio un billete de cinco dólares y le dio las gracias.

Cuando hubo cerrado la puerta se dirigió al teléfono para encargar una cena fría, pese a que no tenía mucha hambre. Cuando colgó el teléfono deshizo el poco equipaje que llevaba y la acomodó en el armario. Después se dispuso a darse un buen baño de agua caliente antes de dormir. Miró la hora y comprobó que David ya habría tomado su avión, por lo que le llamaría al día siguiente. Llamaron a la puerta, y comprobó que era el camarero con su cena, que entró y la dejo en el lugar que Elena le indicó y tras ello, abandonó la habitación. Antes de cerrar, dejó el cartel de no molestar para poder descansar sin interrupciones. Sabía que, por las mañanas, las camareras de hotel entrarían en la habitación sin reparos si no estaba colgado.

Se metió despacio en la bañera mientras escuchaba de fondo un concierto para piano del gran Chopin. Se bañaba con esa relajante melodía y con David en sus pensamientos. Se consideraba afortunada por haberle encontrado de nuevo y vio lo cruel de su comportamiento en el pasado, por ello se prometió que no desperdiciaría esta segunda oportunidad.

Cuando despertó, ya eran las nueve y media. Se levantó y arregló y se dispuso a salir para comprobar los datos facilitados por los detectives. Ya en la recepción y después de dejar las llaves en el mostrador, llamó por teléfono a la agencia "Elbes" de alquiler de coches, dado que siempre acudía a ellos en esta ciudad para no depender de los coches de la empresa. Le indicaron que en media hora tendría un coche en la puerta del hotel. Para ocupar ese tiempo fue a la cafetería a desayunar y así podría leer la prensa del día.

A los treinta y cinco minutos, le avisaron que el coche ya estaba esperándole. Era un Audi color gris metalizado, pero poco le importaba la marca y el color mientras le llevase a los sitios a los que deseaba ir. No era una persona apasionada por los coches, sencillamente los consideraba medios de transporte.

Tomó la carretera con dirección a la autopista dado que el señor Fischer vivía a las afueras. No tenía una casa muy grande, pero parecía acogedora, un hogar, palabra que siempre le martilleaba la cabeza como un anhelo. Según le habían dicho los detectives, el señor Fischer estaba casado y con dos hijos. Pudo comprobar por las fotos que el pequeño se parecía al padre mientras que el mayor se asemejaba más a la madre.

Cuando llegó al hogar de los Fischer, decidió no hacerles ninguna visita, no sin antes comprobar todos los datos. Por otra parte, no quería sorpresas, el contacto humano prefería dejarlo mejor para el final, pues tal vez no fuera necesario. Los detectives no le dijeron que la señora Fischer estaba embarazada, cosa que descubrió por el jardinero, que la sorprendió mirando y le preguntó si era ella quien venía a cuidar al pequeño Pedro, pues era demasiado trabajo para ella en su estado. Suerte que el jardinero era muy hablador y le contó casi todo lo que necesitaba saber del estado actual de la familia, desde el trabajo de ellos, ambos abogados y que llevaban juntos más de veinte años, se habían demorado en ampliar la familia por los cargos de peso de ambos, pero que ahora iba todo muy rápido como podía comprobar.

Tras todo esto, tomó de nuevo dirección a la ciudad para ir al colegio de abogados y así poder comprobar la trayectoria laboral y académica del señor Fischer. De allí pudo sacar que Lucas Fischer era el hijo de un gran empresario, su padre, Tomás Fischer logró crear una gran cadena de empresas de materiales de plástico y aunque Lucas era su hijo mayor no fue él el que tomó las riendas de la empresa familiar, él era muy eficiente, pero en lo que se refería a la profesión elegida, la abogacía. Estudió en buenos colegios y se graduó en la universidad de Harvard, entró en política, pero sus aspiraciones se truncaron y sólo llegó a ser secretario de uno de los senadores más polémicos del actual gobierno. Aunque llegó a saber que era más que un secretario para dicho senador. Tenía todo un historial.

Elena sabía que le sería difícil acceder a él y más para hablar de temas personales, pues según supo, era un hombre muy reacio a la conversación con desconocidos y aún más en temas no relacionados con el trabajo. Tendría que encontrar una vía por la cual acceder a él y poderle conocer sin exponer abiertamente el tema que el traía a Washington.

Eran las siete de la tarde y se encontraba cansada, había sido un día de mucho papeleo, normalmente ese trabajo lo dejaba a su eficiente secretario, ahora sabía mejor que nunca lo buen secretario que era, siempre conseguía toda la información que necesitara fuera lo difícil que fuera.

Decidió irse al hotel y descansar, se acordó que no había comido nada en todo el día, por lo que cenaría en el restaurante del hotel.

Cuando estaba recogiendo las llaves de la habitación en el mostrador de recepción, escuchó una voz familiar que la llamaba por su nombre.

—Elena, Elena Lark. — era Félix Reynolds, un banquero muy nombrado en Washington, con el cual había hecho algún que otro negocio. Era el típico y buen banquero que siempre estaba a la caza de posibles clientes y que miman a los que tiene como si fueran sus hijos. Era el viejo zorro de un círculo bastante amplio. A parte de haber trabajado con él, por medio de su empresa, Elena tenía un trato personal con su esposa, no se podía decir que fuera su amiga, pero existían unos extraños lazos entre ellos, como si Elena fuese la hija que nunca tuvieron, siempre se había sentido protegida con ellos y aunque eso a veces le molestaba, lo llevaba moderadamente bien.

—Hola Félix, ¿no estarás expiándome? ¿O es que estás en el hotel con alguna mujer? Mira que como se entere Rosanna...

—Tu tan bromista como siempre. No estoy aquí por ninguna de esas dos cosas, trato de trabajar bien y en estos lugares se suelen hospedar mis clientes, he tenido una entrevista con uno, luego se lo puedes decir a Rosanna. Pero bueno, eres tú la que debes decir que te trae aquí.

—Asuntos personales, por cierto, me podrías servir de ayuda, me gustaría que me dijeras algo de un señor de la política.

—Elena, ¿qué te traes entre manos? Esos son hierros candentes.

—No, no me traigo nada entre manos. ¿Tienes tiempo para tomar una copa?

—Sí, como no. — pasaron al bar del hotel y se pidieron una copa cada uno. — Bueno tu dirás quién es ese Señor y qué puedo hacer por ti. Por cierto, ¿sigues soltera?

—Sí, sigo soltera, pero no va por ahí la cosa.

—Pues dime, que me estoy impacientando.

—Trato de averiguar algo del pasado, algo que no es mío, pero que me afecta a mí.

—Si no es tuyo y te afecta ¿de quién es?

—De mi madre, de su niñez y adolescencia.

—Elena, tú siempre buscando cinco patas al gato. Bueno dime de quién se trata y si lo conozco, te diré lo que sepa de él.

—Es Lucas Fischer, sé que es secretario del Senador Robert.

—Le conozco, pero no sé si podré ayudarte, es verdaderamente joven en política, aunque es todo un ratoncito que es capaz de invertir las cartas y llegar él al puesto de su jefe.

—Háblame de él, lo que sepas, de su familia.

—Está casado y tiene dos hijos.

—Sí, eso lo sé, pero me refiero a sus padres, de dónde proceden.

—Su padre es un gran empresario, cliente mío, tiene una cadena de empresas que cubre casi todo el estado de Colorado y bastantes sucursales por todo el país, aunque nunca se metió a ámbito internacional y tenía medios para ello. Tal vez por eso no hayas oído tú hablar de él. Lucas es su primer hijo, tiene dos más, Tomas que es el que lleva las empresas con su padre y una hija, Catalina, que es psicóloga y trabaja en un centro de disminuidos psíquicos.

—¿De dónde proceden?

—El padre es de California, aunque de muy pequeñito se trasladó con su familia a Williams, Colorado. Allí conoció a Catalina, la que fue su esposa. Allí nacieron sus tres hijos. Pero bueno Elena, ¿qué relación hay con tu madre?

—Ella también era de Williams.

—¡Ah! ¿Y qué más quieres saber?

—¿El padre de Lucas vive todavía en Williams?

—Sí, aunque Lucas le visita poco pues la decisión de hacerse abogado y no seguir la tradición familiar no le gusto demasiado al padre.

—Comprendo, Félix ¿sería posible llegar a él sin descubrir todo esto, sin mezclar mucho el trabajo de empresa?

—Ahí, Elena, siempre intentas pedir lo imposible.

—Acuérdate de las fiestas que prepara Rosanna y que tú siempre te excedes en invitados.

—Sería una posible solución... pero ¿por qué no almuerzas mañana con nosotros? Hablaremos de ello, ahora debo irme.

—Sí, perfecto, y perdona el que abuse de tu confianza y tu tiempo.

—Para eso están los amigos y los banqueros, igual hasta saco provecho.

—Siempre igual, contigo es imposible que quiebre la banca.

—Ojalá pensaran muchos como tú. Bueno querida, te esperamos mañana a la una.

—Gracias Félix, y hasta mañana.

Se levantó y se fue, Elena hizo lo mismo y se dirigió hacia su habitación. Cuando estaba en ella decidió encargar la cena, tenía un hambre atroz y buscó el número que le dio David, quería contarle lo ocurrido, no era mucho pero el hecho de poder acceder al señor Fischer le daba fuerzas para seguir, lo encontró en la agenda y llamó. Cuando estaba sonando se dio cuenta de la hora que era, había seis horas de diferencia. En Estocolmo serían las dos de la madrugada aproximadamente, en ese momento David cogió el teléfono.

—Parker, dígame.

—Hola David, soy Elena.

—Elena, ¿sabes la hora que es?

—Sí... perdona... pero quería oírte y decirte, a parte que te quiero, que mi primer día en Washington ha sido positivo.

—Por tu tono lo noto, me alegro.

—¿Te he despertado o interrumpido en algo?

—Me has despertado, pero me alegro de que lo hayas hecho.

—Bueno te dejo seguir durmiendo, pero antes, quería decirte que te quiero y te echo de menos.

—Y yo a ti cariño.

—Ya te dejo descansar y prometo que la próxima vez que te llame, miraré bien el reloj. Hasta pronto.

—Hasta pronto y cuídate.

Colgaron el teléfono y Elena estaba contenta y muy esperanzada. Decidió cenar antes de ducharse y cayó en un sueño reparador. Soñó con David y con otro hombre sin rostro, su padre tal vez, en el sueño los dos se hicieron amigos y ella los contemplaba con alegría. Sus deseos de esa familia que deseaba se habían introducido en sus sueños.

Se despertó temprano, decidió tomarse la mañana de compras, tendría que comprarle algo a Rosanna, la señora Reynolds, sabía que le gustaban los detalles y Elena comprendió que tendría que agradarla, pues si organizaban la fiesta y Félix conseguía traer al señor Fischer, lo tendría cerca y podría sacar alguna conversación con respecto a su pasado. Se empezó a arreglar con la idea de no volver al hotel, se iría de las compras directamente a la casa de Félix y Rosanna.

—Tenía que ser bonita pues es mi única ocupación, aunque cuando estaba Félix delante añadía — aparte de ti, cariño.

Era un matrimonio feliz, aunque era difícil decir si estaban enamorados, más bien se respetaban y comprendían, y, por otra parte, siempre se habían sido fiel el uno al otro, aunque podían admitir bromas sobre esporádicas amantes, la confianza era su máxima aliada.

Se compró un traje de noche, le pareció bonito y pensó que ahora lo iba a utilizar más que la docena que tenía en casa, casi todos comprados para uso personal y utilizados para las reuniones y conferencias de la empresa. Tenía el presentimiento de que su vida iba a dar un giro de ciento ochenta grados.

Cuando pasaba por una tienda de deportes de invierno vio un gorro de lana que le gustó y no se lo pensó dos veces y lo compró, a David le sentaría bien.

A la señora Reynolds le compró una estatuilla de porcelana china, sabía que le iba a gustar y como colofón un ramo de flores también compró una botella de vino de Rioja, sabía que era bueno y cuando lo vio le recordó a aquella bella región de España donde se cultivaba.

Las compras habían terminado y debería darse prisa si quería llegar puntual a la cita. Cogió el coche y tomó rumbo a la casa de sus anfitriones.

Cuando tocó el timbre, ya eran la una menos diez. Le recibió Rosanna:

—Elena, querida, ¡cuánto tiempo! Estás esplendida, pero pasa por favor.

—Hola Rosanna, tú también estás espléndida, los años se pararon para ti. Te he comprado algunas chucherías, acéptalas sin más, por favor.

—¡Oh! Gracias, pero no tenías que haberte molestado. Son preciosas estas flores. — pasaron a una salita decorada a placer y con gran gusto, era una de las cosas que admiraba Elena de Rosanna, ésta estaba abriendo el regalo y al terminar exclamó - ¡Es preciosa! Elena tienes un gusto exquisito.

—Gracias.

—Ya me comentó Félix todo y tú, bien sabes, que estoy encantada de organizar fiestas, es mi gran debilidad.

—Rosanna, algo sencillo, no algo descomunal.

—No te preocupes, de todas formas, aprovecho la ocasión para celebrar nuestro aniversario.

—No sabía que era por estas fechas.

—Es a finales de mes, ya son cuarenta años juntos, toda una vida.

—¿Tantos?

—Sí, Elena, y si te soy sincera se me han pasado volando.

—Eso quiere decir que sois una gran pareja.

—Sí que lo somos, pero bueno, háblame de ti. ¿Te casaste o sigues obsesionada con el trabajo? Deberías formar un hogar.

—Lo intentaré, te lo prometo.

—Por tus palabras, deduzco que hay alguien especial en tu vida. Ya me lo presentarás. Pero bueno, mira, ya ha llegado Félix. Perdóname un momento que organizo todo y comemos, te dejo con él.

—Sí, no te preocupes. — Rosanna era puro nervio y no paraba incluso cuando tenía huéspedes, aunque Elena en aquella casa no podía ser considerada así.

—Hola, cariño — decía Félix a su mujer al verla toda apurada hacia el comedor.

—Hola, atiende a Elena mientras preparo todo.

—Hola Elena, disculpa el retraso, pero ya sabes que los banqueros os enrollamos demasiado, como dicen ahora los jóvenes.

—No importa. Toma te he traído un vino.

—¡Un Rioja! Supongo que sabrás el valor de este vino desde su país de origen.

—Pues sí, en un viaje en España.

—Algún día tengo que llevar a Rosanna allí, se encontraría como pez en el agua. — los dos se rieron por el comentario, que era acertado, aunque no permitido delante de la señora Reynolds. - ¿Quieres tomar algo mientras nos preparan la comida?

—Sí, por favor, un Martini blanco.

—El Martini lo tengo, pero la aceituna no, sé que te gusta con el detallito.

—No importa Félix.

—Tengo noticias para ti, por una parte, habrás comprobado que lo de la fiesta está resuelto, Rosana ha aprovechado para celebrar nuestro aniversario. Es una gran mujer.

—En eso tienes toda la razón.

—Bueno, a lo que iba, me he puesto en contacto con tu hombre... - Elena se sobresaltó ante la posibilidad de que Félix hubiera comentado algo. — No pongas esa cara, ha sido simple casualidad, ha sido por cuestiones del banco y yo he aprovechado para extenderle mi invitación, a la cual contestará. Supongo que tendrá que consultar su agenda, que en muchos casos es su mujer.

—Félix eres un cielo, gracias — se levantó y le dio un beso en la mejilla.

—No me las des tan pronto, todavía no ha aceptado.

—Pero hay posibilidades de que acepte, ¿no?

—No es una persona muy sociable, cuando se ponga en contacto conmigo te lo comunicaré.

—De nuevo, muchas gracias.

En ese momento, entró Rosanna exigiendo su inmediata presencia en el comedor. La comida estuvo llena de cotilleos de alta sociedad, la dulce Rosanna tenía su territorio bien conquistado y no daba acceso a nadie.

Después de la comida tomaron el café y al poco tiempo Elena se disculpó con otra cita, cosa incierta pero su dolor de cabeza le exigió a una rápida partida de las garras de Rosanna, Félix les había abandonado antes del café con la excusa de una reunión. Elena sabía que la mayoría de las veces eran excusas y de él aprendió el difícil arte de escapar de la señora

Reynolds. Tomo el coche y decidió ir a descansar al hotel, realmente lo necesitaba.

Los próximos días se los tomó de descanso, no podía hacer otra cosa que esperar que la llamase Félix con la respuesta de la asistencia del señor Fischer a la fiesta, fiesta que estaba en marcha en cuestión de organización por parte de Rosanna.

Elena aprovechó esos días para visitar museos, asistir a conciertos y ver alguna que otra película, el cine no era una cosa que le fascinara demasiado, pero quizá porque no le había dedicado el tiempo que se merecía. Le dedicaba más tiempo a leer y escuchar música, sobre todo esto último.

Aunque en su apariencia externa se notaba tranquila, no lo estaba en absoluto y tenía un cosquilleo y un ansia de saber demasiado desarrollado. Hacía una semana que estaba en Washington y no tenía noticias de Félix, la que sí llamó fue Rosanna, para concretarle el día y la hora de la fiesta. Sería el viernes próximo a las siete de la tarde. También le informó que la fiesta no era de gran etiqueta, pero ella sabía que las fiestas que organizaba eran un desfile de personalidades acompañados de esposas deslumbrantes o simples acompañantes que lucía lo último que estuviese de moda en cada temporada. Pensó en el traje que se compró, ahora tendría la oportunidad de estrenarlo.

Le hubiese gustado que David estuviese allí con ella para asistir a la fiesta de los Reynolds, sabía que era imposible pero sólo pensarlo le aliviaba.

Sabía que en esa fiesta tendría la oportunidad de conocer a un hombre que podía ser aquel padre que le fue negado, es como si ya supiera que el señor Fischer iba a asistir. Sonó el teléfono y fue como la confirmación de su pensamiento, era Félix.

—Elena, soy Félix, el señor Lucas Fischer irá a la fiesta acompañado de su esposa.
—Perfecto. Gracias, Félix.

—De nada y te deseo mucha suerte, ya nos veremos.

Cortaron la comunicación, Elena estaba feliz, intentaría acercarse a ese hombre, aunque fuese a través de su joven esposa.

Los días transcurrieron rápidos, el viernes decidió estar relajada en su habitación del hotel. A las cuatro y media empezó a prepararse, sin prisas, no quería ser de las primeras en llegar.

Cuando hubo terminado cogió el coche y se dirigió a casa de los Reynolds, pensó que debería haberles comprado un reglado pues, al fin y al cabo, una fiesta por el cuarenta aniversario de Félix y Rosanna, en otra ocasión seria, ellos comprenderían. A medida que se iba acercando a la casa le iba invadiendo una tranquilidad interior que la hizo sentirse rara, era como si fuese a uno de tantos lugares donde daba conferencias. Allí iba a encontrar personajes diversos de la sociedad de Washington, gente con la que estaba acostumbrada a tratar, empezaba a sentirse bien y agradeció la presencia de esa tranquilidad.

Entró en la casa segura y aunque sus ojos buscaban, no se convertía en obsesión de encontrar a alguien que por otro lado no conocía.

Félix salió a su encuentro y eso la trajo a la realidad de su presencia en la fiesta.

—Hola Elena, estás preciosa.
—Gracias — le saludó dándole un beso en la mejilla, cualquier persona ajena a las circunstancias hubiese pensado que era padre e hija, aunque ella sabía perfectamente que su padre tan solo le llevaba quince años a lo sumo dieciséis.
—He anunciado a una serie de señores tu presencia en la fiesta quieren conocerte, espero que no te moleste.
—No Félix, sabía que sucedería, era inevitable.
—Bueno pues adelante, por cierto, el señor Fischer aún no ha venido.

Aunque mostraba tranquilidad era consciente que esas palabras le producían alivio.

Rosanna vio a Elena y se dirigió hacia ella para darle la bienvenida.

—Elena estás encantadora, pero por favor, pasa, no os quedéis ahí. Félix, no creas que la vas a tener en exclusividad.

—No he pretendido hacerlo, cariño — contestó Félix sumiso ante la advertencia de su esposa.

—Por favor, me hacéis sentirme demasiado importante.

Pasaron a la gran sala, no había mucha gente, era temprano y aunque se indicaba una hora para estas celebraciones, siempre había un margen bastante grande entre el primer y el último invitado.

Fue la señora Reynolds la primera en llevar a Elena a su terreno, tenía que presentar a la joven ejecutiva a sus amistades. Era propio de Rosanna demostrar lo feliz que se encontraba teniendo como amiga a gente de gran escalafón social y si además lo había logrado por mérito propio, mejor. Elena era de esto último. Le presentó a la señora de un senador, a las de varios banqueros e incluso había en su repertorio mujeres de títulos nobiliarios, no podían faltar aquellas, que, como ella, había conseguido puestos importantes por títulos propios. Fueron ellas las que hicieron que Elena estuviese más a gusto con el sector femenino, pues aportaban temas en los cuales podían mantener una conversación interesante.

Cuando estos temas estaban alcanzando su final llegó Félix rogando a Elena su presencia para ser presentada a los que eran sus clientes y amigos.

—Disculpen señoras, pero debo secuestrar a Elena por unos minutos.

—Por favor, Félix — dijo una de las señoras del grupo con un poco de asombro y entre bromas, al escuchar la frase de Félix tan bien confeccionada – has ensayado la frase.

—No querida, mucha gente piensa que es una de mis mejores virtudes, decir la palabra correcta, en el momento correcto. — tomó a Elena por el brazo y atravesó el salón para llegar a un grupo de cuatro hombres, todos ellos muy bien vestidos y que mantenían una agitada conversación. — Señores, permítanme presentarles a la señorita Lark — dijo Félix, llamando la atención de los presentes. La presentó a un director de una empresa y a dos banqueros... Elena iba saludando a cada uno de ellos extendiéndoles la mano. Cuando fue a presentarle al miembro del grupo, a Elena de dio un vuelco el corazón. Félix continuo — Y, por último, el señor Lucas Fischer, secretario particular del senador Robert. — este le tomó la palabra para saludar a Elena.

—He oído hablar mucho de usted señorita Lark.

—Espero que haya sido para bien.

—Sí, no se preocupe, es conocida por cualidades muy buenas, en el aspecto profesional, por supuesto.

—Muchas gracias. Yo debo decirle que de usted no he oído hablar, pero sí de su padre, don Tomas Fischer. — Elena echaba mano de la información adquirida en todos estos días — Según tengo entendido, hace una gran labor en su empresa, que es casi un imperio pero que se muestra reacio a la internacionalización.

—Está usted muy bien informada. Sí, es cierto, mi padre piensa que con lo de Estados Unidos tiene más que suficiente y aunque mi hermano Tomas lucha constantemente por abrir nuevos campos, mi padre se los cierra todos.

—En cierto modo, le doy la razón, un poco, a su padre, pues gracias a él y a otros como él, la empresa nacional es productiva y con ello no quiero que piense que me contradigo por mi forma de actuar. Las empresas para las que trabajo fueron creadas para un campo internacional.

—Ahora puedo decir, que las personas que me hablaron de usted, no se alejaron nada de la realidad, es usted una persona enérgica y tenaz hablando de trabajo, me imagino que, en él, eso se incrementa.

—Gracias.

—Pero bueno, no me gustaría que se enfuscaran en una conversación del señor Tomas estando el en Williams y no pudiendo contestar.

—¿Williams? — dijo Elena para enfocar la conversación a lo que ella quería preguntar.

—Sí, es la ciudad donde vive mi padre. Allí creó su gran imperio, como usted lo llama. Pero creo que es el nombre de la ciudad lo que le ha llamado la atención, ¿o me equivoco señorita Lark?

—No se equivoca. Hace tiempo que no oía ese nombre, era el pueblo donde nació y creció mi madre.

—Qué casualidad.

—Siempre me hubiera gustado saber algo de esa ciudad y nunca tuve tiempo. Tal vez usted la conociera, debía de ser de la misma edad. — Elena estaba dispuesta a llevar al señor Fischer a su terreno y sacarle toda la información.

—Dígame su nombre y si sé algo, no tendré inconveniente en decírselo.

En esos momentos, Félix se disculpó de ellos y llevándose a sus amigos se alejó para darles intimidad. Elena se dio cuenta de su gesto y se lo agradeció con la mirada. Ahora eran los dos, frente a frente. Elena continuó:

—Mi madre se llamaba María Lark, hija del banquero Roberto Lark.

—¡Cómo no la voy a conocer si se puede decir que crecimos juntos! Pero ha dicho usted... se llamaba, ¿acaso su madre ha fallecido?

—Sí, de ello hacen dos años.

—Cuanto lo lamento... Fuimos grandes amigos, se puede decir que éramos confidentes, aunque sólo nos veíamos en vacaciones, yo estudiaba fuera. Por cierto, ¿se casó con Richi? Era un bribón — El señor Fischer no paraba de hablar, como si se estuviese desahogando — Siempre se pensó que tenía algo conmigo, pero ella era para mí, tan sólo, una gran amiga. — Elena se estaba dando cuenta de que le estaba dando muchas respuestas sin necesidad de pedírselas. — Su madre era una gran mujer, aunque la última vez que la vi éramos muy jóvenes. Cuando volví del colegio en vacaciones me dijeron que se había ido y no supe nada más. Tuvo que ser por algo importante y rápido, pues como le digo, nos lo contábamos todo. Pero bueno, creo que le estoy aburriendo con la historia de mi adolescencia.

—No, no lo está haciendo, mi madre me contaba cosas de su infancia, pero nunca utilizó nombres. Para mí, es una satisfacción conocer a una persona que fue amigo de mi madre en esa época, y a la vez se lo agradezco, pues eso me ayuda a conocerla más, aunque ya no esté.

—Lo que le puedo decir, es que su madre y yo teníamos una relación bonita y limpia, y aunque a veces la utilizábamos para dar celos a los que realmente nos gustaban, recuerde que éramos críos. A pesar de ello, éramos conscientes de nuestros actos y nunca nos hicimos daño. Lamenté realmente su partida y la eché mucho de menos, pero eché de menos a una amiga, no a la chica que quería. Disculpe mi franqueza, pero tenía que decírselo, pues con su partida, yo lo pasé muy mal y me imagino que a ella le pasaría lo mismo.

La conversación tomaba unos caminos profundos, Elena se sorprendió de la fluidez de la charla y de toda la información para asimilar. Tenía ante ella a un hombre que todavía recordaba a su madre de una forma sana, limpia; tenía la necesidad de preguntarle si ese amor que se profesaban lo llegaron a hacer realidad uniendo sus cuerpos, pero no tuvo que hacerlo, aquel hombre hablaba sin tapujos y llegó a decírselo.

—Muchos amigos comunes — continuaba diciendo — pensaron que nosotros teníamos relaciones, y perdone mi franqueza, pero le puedo decir y con orgullo, que su madre y yo teníamos una relación que iba más allá del simple hecho de unir nuestros cuerpos, nunca lo hicimos sencillamente porque no lo necesitábamos, nuestra relación era de una gran amistad.

Todo estaba aclarado. Elena tenía ante sí a un gran amigo de su madre en la adolescencia, pero no ese amante fugaz que sería su padre. El señor Fischer paró unos instantes como para coger fuerzas y luego dio por concluida la conversación, Elena lo vio como a una persona que tiene una espina y nadie se atrevió a sacársela. Ella fue la que le dio las pinzas.

—Bueno, señorita Lark, discúlpeme por esta descarga que le transmitido. Pero los momentos que recuerdo con más ternura de Williams eran los compartidos con mis amigos, fueron pocos años, pero intensos.
—No se preocupe y de verdad, me he alegrado mucho de conocerle y el que lo haya podido hacer, no olvide que era mi madre, y su vida, en cierto modo, me afecta a mí.
—Disculpe — dijo y se dirigió a su esposo — creo que deberíamos irnos, estoy algo cansada.
—Ahora mismo cariño, pero permíteme presentarte a la señorita Lark. ¿Te acuerdas de María Lark? Pues es su hija.

—Encantada, yo conocí a su madre. ¿Qué tal está?

—Falleció hace dos años.

—¡Oh! ¡Cuánto lo siento! Fue curioso, recuerdo que un día se fue y nunca más volvió. Todos nos acordábamos de ella, era una persona jovial y abierta.

—Gracias

—Bueno, debemos irnos — dijo el señor Fischer — Si necesita usted algo, no dude en recurrir a mí. Estaré encantado de ayudarle en lo que pueda.

—Muchas gracias. Le agradezco el pedacito de mi madre que me ha regalado usted hoy.

Se despidieron y en cuanto estuvo sola, se sintió agotada. Necesitaba una copa. Se acercó Félix, como si hubiera estado observándolo todo y le traía una copa.

—Toma Elena, por la cara que se te ha quedado, creo que la necesitas.

—Como siempre, has acertado. Podría pasar a tu despacho a tomarla, necesito estar sola.

—Sí, como no, y si necesitas algo me lo dices.

—Sí, no te preocupes, luego hablo contigo.

—Cuando quieras, otro día tal vez. ¿De acuerdo?

—Gracias.

Elena tomó la copa y se dirigió al despacho. Necesitaba estar sola. Cuando entró, lo primero que buscó fue el sofá para tumbarse. Necesitaba relajarse y no lo hacía es probable que las fuerzas le abandonaran y terminara por desmayarse. Cuando localizo el lugar y se hubo acomodado se sintió en parte fracasada y aunque le quedaba un camino que investigar, esta revelación le había agotado. A la vez que su presentimiento se desvanecía, más cansada y triste se encontraba. Necesitaba más que nunca el abrazo de David necesitaba su consuelo. Con ese pensamiento, se dio cuenta que las lágrimas comenzaron a brotar de sus ojos resbalando por sus mejillas. ¿Qué le hacía llorar? Nada estaba resuelto, aún no había respuestas definitivas, sólo había abierto más preguntas en su cabeza, más respuestas que hallar... Y de esta manera, cayó rendida en las redes de Morfeo.

La fiesta acabó ya avanzada la noche y pese a que Rosanna la encontró dormida, no quiso despertarla y la arropó con una manta. Con los primeros rayos de luz de la mañana, Elena despertó y salió del salón. Allí estaban Rosanna y Félix desayunando:

—Elena, acércate, ¿cómo te encuentras?
—Bien, aunque no debía dormirme en medio de una fiesta en el sofá, perdonadme, por favor. — dijo avergonzada.
—Lo importante es que estés bien, siéntate y desayuna. Después si quieres toma un baño, seguro que te sienta bien.
—Lo siento, solo os doy molestias.
—Por favor, Elena, eres como de la familia, no digas eso. Además, a nosotros nos gusta tenerte aquí.

Rosanna le estaba hablando como a esa hija que no tuvieron y que adoptaron a los treinta y pico años.

—Queridos amigos — dijo Elea una vez sentada en la mesa — Gracias por todo, ayer tuve ante mí, al mejor amigo de mi madre, pero no a mi padre.
—¿Se lo preguntaste? — fue Rosanna la que lanzó la pregunta envuelta en asombro.
—No, no tuve la necesidad, estuvo hablando todo el tiempo como si necesitase decir todo lo sucedido en ese tiempo para poder vivir en paz.
—Lo siento — ahora era Félix el que habló y lo hizo con gran pesar por la decepción de Elena.
—Uno de los pasos, de los caminos, está totalmente cerrado, eso es todo.

—Pero ¿cómo te sientes?

—Estoy dolida, muy dolida, y ahora más que nunca pienso en la posibilidad de que todo fuese parte de mi imaginación o del deseo, del ferviente deseo de hacer realidad tan sólo un presentimiento.

—No debes hablar así y mucho menos abandonar tu empresa.

—He pensado esa posibilidad, pero, creo que no la llevaré a la práctica, no forma parte de mí el abandono, eso sí, necesito unos días de descanso antes de continuar. Me encuentro más agotada aún de cuando empecé.

—Ahí te doy la razón, vete a un lugar tranquilo y date tiempo.

—Es lo que haré, ahora deseo irme a casa, ¿no os importa no?

—No querida, haz lo que creas mejor.

—¿Quieres que te lleve a la ciudad?

—No Félix, anoche traje el coche y estoy bien para conducir, no te preocupes.

—Como tú quieras, cuídate.

Elena se despidió y se dirigió al hotel. Cuando estaba en la recepción le dijo al encargado que, si podía llamar a la agencia de coches de alquiler y devolverlo, puesto que no iba a necesitarlo más, así como prepararle la cuenta para esa misma tarde. Subió a la habitación y como un autómata, preparó las maletas y llamó al aeropuerto para reservar un pasaje de vuelva a Nueva York para esa misma noche. Por último, llenó la bañera y se metió en el agua para darle un poco de alivio a su cuerpo.

Cuando salió de la bañera decidió arreglarse y comer en el restaurante del hotel. Bajó y cuando hubo comido volvió a subir para coger las maletas y dirigirse al aeropuerto. Tenía verdaderas ganas de descansar en casa, así como de hablar con David, cosa que haría al llegar.

Todo fue rápido, se sentía como un robot ejecutando los movimientos por inercia. A última hora de la tarde, ya estaba en su apartamento. Tras dejar las maletas en el salón, se dispuso a llamarle. La llamada no tuvo respuesta, pero David tenía conectado el contestador, por lo que dejó un mensaje diciéndole que quería hablar con él.

Mientras esperaba a tener respuesta, subió al dormitorio e intentó descansar.

No pasó mucho tiempo cuando sonó el auxiliar de la mesita de noche, lo cogió:

—Lark, dígame.

—Hola Elena, recibí tu mensaje. ¿Te sucede algo? ¿Por qué estás en Nueva York de nuevo?

—Es sencillo, él no es. Ha sido fácil, es como si fuera él quien se ha desahogado y me contó su amistad con mi madre. Me siento mal, decepcionada y hundida.

—¿Quieres que vaya? Podría estar allí mañana por la noche.

—Me gustaría tenerte cerca pero no quiero que vengas, sería demasiado pedir, y no creo que esté tan mal para hacerte eso.

—Elena, puedo ir, pero si te parece mal, existe la opción de que vinieras, así te repones a mi lado y luego ves qué pasos seguir. — hubo un silencio. — Elena, ¿me has oído?

—Si, David.

—¿Y qué me dices, vienes o voy?

—Prefiero ir yo, si te parece bien te llamo cuando sepa en qué vuelo voy.

—Está bien, no pienses nada más que en nuestro encuentro. Estaré pensando todo el tiempo en ti, si eso te ayuda.

—Ahora voy a llamar al aeropuerto y te llamo de vuelta.

—Perfecto, espero tu llamada.

Colgaron y Elena cogió la agenda para llamar y reservar un pasaje al día siguiente por la noche. Actuaba de una manera fuera de lo normal. Llamó de nuevo a David para informarle y se puso a preparar el equipaje para el viaje. No se daba tiempo para dormir, dado que las primeras luces de la mañana empezaron a iluminar su piso. Decidió descansar un poco, pero puso el despertador con el tiempo suficiente para ir al aeropuerto con tiempo.

Cuando sonó el despertador estaba profundamente dormida, por lo que le costó mucho levantarse, pero se motivó pensando en lo pronto que podría ver a David y abrazarlo. Se bañó, se arregló y cenó algo de lo que tenía en caso y se encaminó hacia el aeropuerto. Hizo los pasos de rigor y cuando se hubo sentado en el avión, y solo en ese momento, se empezó a dar cuenta de la cantidad de cosas que había hecho durante las últimas horas sin prestar atención. Ahora estaba metida en un avión camino de Estocolmo, con dieciocho horas de vuelo para encontrarse con David. En realidad, era de locos y nadie que la conociera podría decir que era un comportamiento normal en ella moverse por impulsos cuando lo que ella solía hacer era planificarlo todo de forma meticulosa y cuidada. Cuando el avión tomó tierra, sintió el cambio horario y el efecto producido en su cuerpo. Estaba llegando al sector de aduanas cuando vio a David y buscó sus brazos, necesitaba que la abrazara, sentirse querida.

Había cambiado o sencillamente se mostraba realmente cómo era, necesitaba transmitir lo que sentía y no con los impedimentos que siempre se había marcado.

David había tomado unos días libres y se los dedicó por entero a ella, los necesitaba. Hicieron excursiones, disfrutaron de la nieve y vivieron una semana sin hablar del tema hasta que a finales de esa semana Elena se planteó y le planteó seguir y acabar con todo. Volvía a hacerse patente el presentimiento, volvía a ser fuerte y ella misma se encontraba fuerte para seguir. David le propuso acompañarle, ella se negó, tenía que hacer ese viaje sola, la eterna frase. Esa noche fue otra despedida, pero distinta a las demás porque no era un adiós sino un hasta luego. A la mañana siguiente, cogió el avión con destino a Nueva York.

Todo lo que tenía que hacer era en Williams y de nada serviría demorar el viaje. Antes de salir de Estocolmo le prometió a David que, si su presentimiento era cierto, él se reuniría con ella allí para disfrutar con ella ese momento tan importante de su vida. Deseaba que así fuera. Ahora ella debía hacer el camino más duro y averiguar con la documentación recopilada previamente por los detectives si su última opción, era su padre. Sabía que aquella ciudad, decir que era hija de quien era o, sobre todo, nieta de Roberto Lark, le abriría muchas puertas y le traería muchas facilidades para su proyecto. Pero también era consciente, que puede que le hicieran preguntas que ella no sabía contestar, como el porqué de la repentina marcha de su familia sin despedidas.

Pensó también en cómo lo enfocaría y el trastorno que podría provocar si realmente fuera él, si la rechazaría o acogería... Por lo que se propuso no decir nada si comprobaba que la verdad pudiera destrozar un hogar o poner en dificultades a la persona que podría ser su padre. No sería justo, no podía jugar con los sentimientos de una persona sabiendo de primera mano el dolor que se podía sufrir cuando algo así te es arrebatado.

Sentía que en los últimos meses había cambiado, es como si la mujer ejecutiva, persistente y maniática, como muchos de la empresa la llamaban, fuera desapareciendo, ahora se sentía más sensible. Había quitado de su vida unas telas que ocultaban su verdadera identidad. Ya no le importaba demostrar qué podía querer y dejaba que la quisieran, todo ello gracias a David.

Sus pensamientos cesaron cuando una azafata comunicó por el altavoz que estaban aterrizando en Williams, Colorado. En esta pequeña ciudad sus abuelos maternos tenían una casa que nunca fue abierta después de su partida. Elena no se quedaría allí, entre otras cosas, porque ello suponía explicarle su empresa a su abuelo, al que no quería involucrar porque sabía que trataría de disuadirla de actuar, como en otras ocasiones en el pasado. Sabía que él podría darle las respuestas que ella buscaba, porque las conocía, pero jamás hablaría de ese tema, era un tabú en la familia. Por todo esto, nunca fue una opción recurrir a él.

Por todo ello, alquiló una casita cercana al río, dado que tenía el recuerdo de hacía veinte años. Allí se daría todo el tiempo que necesitara, como si se hubiese planteado el hacer las cosas con total tranquilidad, nada de precipitar los acontecimientos, procuraría vivir en la ciudad en la cual su madre fue feliz. Intentaría ver el modo de pensar y de actuar de sus habitantes, por ello, sólo llevaba un billete de ida, presentía que el tiempo iba a ir en su favor.

Cuando su avión aterrizó en Williams, eran las diez de la mañana. Iban a recogerla al aeropuerto los representantes de la agencia que le había alquilado la casa para llevarla hasta ella.

Aunque pensó que debía estar nerviosa, dado que siempre pensó que acercarse a la pequeña ciudad le produciría una gran inquietud, no era así, se sentía muy tranquila y relajada. Tal vez la presencia de los representantes en el aeropuerto la ayudaran a estar en este estado. Pensó que eran como ángeles de la guarda que la custodiaban hasta el final de la aventura de su vida. Era el principio de una vida distinta, una vida que siempre había formado parte de sus tiempos, era la consecuencia del presentimiento de toda su existencia.

La casa donde iba a vivir era pequeña, de sólo una planta, en la cual había dos habitaciones, un salón, cocina y cuarto de baño. Una de las habitaciones era mayor, es la que emplearía como su dormitorio, en ella había una cama grande estaba decorada en todo nos pastel jugando con el rosa, blanco, verde y azul. La otra tenía una cama pequeña y un escritorio, todo en tonos blancos y rosas, como si fuese la habitación de una niña pequeña. El salón no era muy grande, pero al tener pocos muebles daba la sensación de serlo, este tenía un ventanal que daba a una pequeña terraza que comunicaba al jardín, un jardín carente de flores, pero con una vegetación muy bien cuidada.

Cuando entró en la casa tuvo una sensación muy intensa. Era la primera vez que estaba en ese sitio y se sentía a gusto, sentía esta pequeña casa como su hogar. Los deseos transmitidos a la agencia fueron ejecutados a la perfección para llegar a sentirse de esa manera. Habían sabido captar mejor que ella misma lo que realmente deseaba en este lugar.

Su primer día en Williams sería para hacer cosas relacionadas con la casa, quería tratar de darle vida al lugar, hacerlo suyo, por eso recolocó algunos muebles y limpió a su gusto. Se sorprendió al mirar su reflejo en un espejo, pensó en sus compañeros de trabajo, si la viesen en esas circunstancias y con esa apariencia no cabrían en su asombro, la gran ejecutiva llena de polvo y con ropa de sport mientras agarraba una escoba.

Para sus vecinos ella sólo era una joven que había alquilado la casita, por lo que hubo una señora que se le acercó para ofrecerle sus servicios para lo que necesitara, a lo cual, Elena se mostró agradecida y en medio de la conversación, le indicó que a la mañana siguiente iría a hacer unas compras al pueblo, por lo que su vecina se mostró gustosa de acompañarla.

Cuando cayó el sol, Elena estaba dándole los últimos toques a la cocina y así, aprovechaba para prepararse algo de cenar, con todo el trajín no había parado ni para comer. Por suerte, había sido previsora y había traído algunas latas de comida, café y té. Había conseguido crear el ambiente deseado, estaba consiguiendo sentirla acogedora, más aún que al principio. Se quedó mirando la estufa de leña que había en el salón e imaginó el calor agradable que daría cuando las nieves del invierno invadiesen aquel lugar.

Antes de tomar esa cena improvisada, se tomó una buena ducha y cuando hubo terminado, se tomó un té contemplando el río desde el ventanal del salón. Sus pensamientos eran frases:

—Papi... ¡te siento tan cerca! Sé que estás ahí y que me aceptarás como hija tuya, si tú supieras cuanto he necesitado y necesito tu amor... no te culpo de nada, tú no sabías nada... Seguro que tendrás tu propia familia, una esposa y seguramente hijos... A esto tendrías que sumarle una hija de treinta y cinco años. ¡Dios mío! Tú debes tener cincuenta, ¡nos llevamos tan poco! Cuando me hablaban de la relación entre mamá y tú siempre decían que fue un juego de niños, en cambio yo presiento que para ti no lo fue, fue lo más importante que hiciste en esa época lo cruel que hicieron contigo fue el negarte el que me conocieras. Ahora estás cerca y todos esos muros que nos separan los siento caer...

Elena volvió a la realidad en aquella casita al lado del río, se preparó para dormir, había sido un día muy largo y lo más probable es que la señora Leroy vendría temprano a llamarla para hacer las compras en el centro del pueblo. Seguramente tendría que alquilar un coche, así sería un trayecto más corto y estaría más en contacto con los habitantes del lugar, que, al fin y al cabo, era lo que pretendía.

Su primera noche en la pequeña ciudad, en la nueva casa, se le hizo muy corta, tanto, que no tuvo tiempo ni de soñar. Estaba aún en la cama cuando oyó golpes en la puerta principal. La señora Leroy ya estaba preparada para salir. Elena se puso una bata y se dispuso a abrir.

—Perdone querida. ¿Te he despertado?
—No, aunque todavía estaba en la cama.

—Pues me voy y vengo más tarde, ayer trabajaste mucho en la casa — dijo tras echar un vistazo a la parte del salón a la que tenía acceso su mirada.

—No, pase, preparo café y me preparo en seguida.

—Elena te ha quedado una casa encantadora.

—Acogedora, diría yo.

La señora Leroy era de las típicas que saben todo de todos, ese tipo de personas que normalmente sacan de quicio a Elena, pero también sabía que le podía ser útil, tendría que pagar un precio pequeño para obtener información, esto suponía sentirse vigilada constantemente, que tomaran cosas sin su permiso y el tener que oír todos sus comentarios. Elena se arregló lo más rápido posible dado que no quería que la señora Leroy estuviera sola en el salón más de lo imprescindible.

—Ya estoy lista, podemos irnos.

—Has sido verdaderamente rápida.

—Una se acostumbra a serlo cuando vive en una ciudad como Nueva York.

—Yo no sé si me llegaría a acostumbrar a ese ritmo tan acelerado y caótico.

—Una se acostumbra a todo si hay necesidad. – Elena trataba de seguirle el juego para que la señora Leroy la aceptara lo más rápido posible.

Ya estaban de camino al centro del pueblo en el Cadillac de la señora Leroy, trayecto en el que no había dejado de hablar y le hacía las preguntas de rigor, lo esencial que se debe saber de los vecinos, o eso decía ella.

—En cambio, usted está aquí.

—Mucho trabajo, por lo que necesito un par de meses de absoluta tranquilidad y creo que he encontrado el lugar apropiado.

—Desde luego querida, esta es una ciudad que tiene de casi todo, pero principalmente tranquilidad.

—Entonces me quedo satisfecha con la elección, así como de haberla conocido, el contacto con el pueblo será más agradable con sus consejos.

—Gracias, y no se preocupe, procuraré ayudarle en lo que pueda.

La señora Leroy estaba a sus anchas e iba a hacer de guía con un nuevo habitante del lugar. Según le había dicho, cuando le fueran a preguntar, diría que era una importante ejecutiva de la ciudad, a las primeras que se lo diría sería a su entorno más cercano, de hecho, trataría de organizar una fiesta para presentarla. Elena se sintió agradecida.

Tras una mañana de compras, le enseñó los sitios más conmemorativos de la ciudad, tratando de conocer en primer lugar los comentados por su abuelo, sin decirle los motivos. Así podría ir sola a investigar sobre el pasado de su familia, para ello había alquilado un pequeño utilitario, para moverse con mayor facilidad sin necesidad de ir siempre acompañada de la señora Leroy. La invitó a comer para agradecerle la ayuda, y así descubrió el restaurante más característico del pueblo. Cuando terminaron, se disculpó con su vecina y se retiró en su coche a su casita del río. Toda la atención recibida la había agotado sobremanera, por lo que, tras colocar los productos adquiridos, descansó durante horas. Después de descansar tomó un baño y contempló el paisaje a través de la ventana, la primavera se había postado bien con estos parajes y le daba lo más bonito de sí misma. Una primavera reluciente que se mostraba hostil en darle paso al sofocante verano. No es que hubiese muchas flores, pero el paisaje se antojaba coqueto y se miraba orgulloso en las aguas claras del pequeño río, que, aunque pequeño tenía un cauce rápido, mostrándose presto en encontrarse con su amigo el mar. Elena se sintió feliz al darle tiempo a sus ojos a contemplar estas maravillas, a darse tiempo de disfrutar y sentir que iba hacia el comienzo de una vida soñada durante muchos años y cada vez la sentía más cerca. No cabía en ella el pensar en la falsedad de su fuerza motora, de su presentimiento.

Decidió pasear por la orilla esa tarde. Caminaba como si ese lugar hubiese pertenecido siempre a su vida, no sólo caminaba, sus pasos se convertían en su hablar con aquella tierra, y se sorprendía comentándole algo a un árbol o a algún animalillo que correteaba cerca de ella. Aun así, su principal oyente era el río, que supo de su existencia cuando era niña, su madre lo había nombrado y lo hacía como principal escenario de sus travesuras.

Elena buscó otro elemento en aquellas historias, aquella casa en ruinas, tras varios días de búsqueda, le preguntó a la señora Leroy y ésta le dijo que ya hacía más de treinta años que fue anulada del paisaje y que la fábrica del señor Fischer estaba construida sobre aquellas ruinas. Cuando se lo estaba diciendo, sintió un pinchazo, algo le había sido arrebatado, pero la vida sigue y no se ancla a recuerdos del pasado. Se sorprendió teniendo estos pensamientos, porque ni siquiera esos recuerdos eran suyos, sino de su madre, y que podrían haber sido suyos si no la hubieran privado de un hogar, un hogar feliz.

En uno de sus paseos, descubrió un lugar que le resultó familiar a orillas del río, como si ese lugar hubiera quedado grabado en su retina años atrás. ¿Por qué? Se preguntaba una y otra vez. Cada vez que salía a pasear, sus pies terminaban llevándole allí, como si tuviese que ver o recordar algo de ese lugar. Tras varios días llegando a parar allí, como si de una iluminación se tratara recordó que años atrás, en una mañana soleada, hundida por sus pensamientos amargos de su infancia, apareció aquel señor que le hizo sentir bien y que, en cierto modo, le ayudó a no abandonar su presentimiento. Había pasado demasiado tiempo de aquello y no podía esperar que esa misma persona volviera a aparecer en el mismo sitio y menos cuando estuviera ella. Le recordó triste, como si buscase a alguien, y pese a que ninguno se presentó, ambos coincidieron en que algún día volverían a encontrarse.

Por un momento, Elena se quedó congelada, y pensó una frase reveladora:

—Aquel señor era mi padre...

Estuvo paralizada por ese pensamiento durante un largo tiempo, como si todo se hubiera parado en ese momento para que pudiera analizar la frase que acababa de decir.

Cuando reaccionó de nuevo, empezó a caminar rumbo a la casa alquilada. Llevaba en Williams dos semanas y no había hecho nada por acercarse a la verdad. El paseo de ese día de finales de abril le dio el empujón que necesitaba para seguir. Su periodo de descanso y adaptación había terminado. Volvió sobre las notas de los investigadores sobre Ricardo Smitch, quien presentía que sería su padre. Toda la tranquilidad y serenidad de los días anteriores se tornó en nerviosismo y ansiedad, necesitaba investigar y acercarse a su corazonada. Las notas, cuidadosamente guardadas en su maletín acabaron desperdigadas por la mesa, en ellas podía leer que Ricardo tenía cincuenta años, que estaba casado y era padre de una niña de diez años, que era abogado y trabajaba en su propio bufete y que era un ciudadano ejemplar, respetado y querido por la comunidad. Siempre había vivido en Williams y que había buena relación entre su familia y la familia de él. Lo que le recordó que era otro amigo "muy cercano" de su madre.

Encaró esta información y empezó a sufrir inquietud al no saber cómo encarar esta información, cómo empezar. No podía ir directamente a su despacho y soltarle sus sospechas de golpe, necesitaba una forma más sutil... Muchas imágenes se agolparon en la cabeza de Elena haciendo que sufriera jaqueca por la intensa actividad de su mente. Necesitaba serenarse y esperar a la mañana siguiente para asimilar toda la información y crear su plan de ataque. Estaba realmente confusa y no veía el medio por el que llegar al señor Smitch. Pensó en pedirle ayuda a la señora Leroy, pero descartó la idea en el momento, no quería tener que darle explicaciones antes de que el tema fuera resuelto, sabía que, si fuera así, ella se encargaría de divulgarlo todo, estaba en su naturaleza. Después de mucho reflexionar, decidió escribirle una nota por la cual le pediría una cita, sin especificar el motivo y así lo llevó a cabo. Esperaba que el señor Smitch, pese a ser un hombre muy ocupado, pudiera concederle un poco de su tiempo. Así, Elena escribió lo siguiente:

"Señor Smitch, deseo concertar con usted una cita en la cual no le robaré mucho tiempo. La considero de suma importancia, el motivo, deseo decírselo en persona.

Atentamente,
Elena Lark."

Antes de mandarla, la releyó un par de veces para convencerse de que era correcta y la envió, esperando recibir respuesta de parte de su secretaria o de él, pronto.

Tras varios días de espera, Elena recibió una llamada, pero para su sorpresa, no fue de la secretaria del señor Smitch, sino él mismo en persona.

—Lark, dígame.
—Señorita Lark, disculpe que la moleste a estas horas. Soy el señor Smitch. He recibido una nota suya en la cual me pide una entrevista, ¿es así?
—Sí, señor Smitch, desearía que tuviéramos una conversación, no es profesional, es un tema personal.
—¿Podría decirme el motivo?

—Preferiría decírselo en persona y no por teléfono.

—De acuerdo. ¿Le parece bien mañana a la hora del almuerzo?

—Perfecto, señor Smith.

—Pues le veré a la una en el restaurante "El pazo". ¿Lo conoce?

—Sí, no se preocupe, a la una estaré allí. Gracias.

En cuanto colgaron, Elena se quedó con una sensación rara. Esa llamada había sigo para ella como muchas que tenía en su profesión, fría y distante, pero tuvo una sensación diferente. Trataba de dibujar mentalmente el aspecto que tenía el señor Smith y no podía imaginárselo. Había visto un par de fotografías de los investigadores, pero el aura que desprendía en ellas no le resultaba real. Tendría que esperar al día siguiente para forjarse una opinión. No pudo pensar en otra cosa el resto del día. Se preguntaba si su apellido era lo que le había empujado a hacer la llamada. Tenía miedo lo que pensara de ella, o del apellido en sí, temía que fuera una persona fría que había dejado su pasado atrás y no quería saber nada de él. Nunca había pensado en esa posibilidad de rechazo sin opción al diálogo. No quería pensar en ello, su cabeza se imaginaba todos los escenarios negativos que podrían surgir y le estaba resultando demasiado doloroso.

A la mañana siguiente llamó a Iván, quizá para llenar el espacio libre hasta la cita y no pensar demasiado en ello, y este le puso al día de los cambios surgidos en su ausencia, así como le recitó los mensajes que había para ella. Todos eran de trabajo excepto un telegrama que había llegado esa misma mañana en la que le informaban que su abuelo estaba muy enfermo, para solicitarle su presencia. Le extrañó el mensaje y la premura que había en él, ya que no era la forma habitual de proceder del abuelo y eso le creó incertidumbre y preocupación. Sólo recibía notas de él en las fechas señaladas. Elena pensó en la posibilidad de que la enfermedad le hubiera ablandado y quisiera confesarle algo, por insignificante que fuera, sobre su padre. Por ello, Elena se despidió de su secretario y se dispuso a reservar un billete para el próximo vuelo a la ciudad de su abuelo en California, al reclamo del único familiar conocido que le quedaba.

Empezó a prepararse para su cita con el señor Smitch sin saber cómo empezar la conversación. Por suerte, el ambiente se asemejaba al de los restaurantes en los que solía realizar sus comidas de empresa, por lo que se sintió como en casa, cómoda.

Cuando entró, el maître le recibió y tras indicarle la cita, hizo un ademán a un camarero para que cogiera el abrigo de Elena y así poder invitarla a que le siguiente y así mostrarle su mesa.

Había pocos hombres que estaban solos en el pequeño restaurante, por lo que fue fácil deducir cuál era Ricardo Smitch. Estaba de espaldas y cuando el maître llegó a la mesa y lo avisó de la presencia de Elena, se levantó y se colocó orientado hacia ella.

—Señor Smitch, ha llegado la persona que esperaba — le indicó el maître.
—Gracias Pedro.

Elena tenía ante sí a un hombre que representaba los cincuenta años, pero tan sólo por el principiante pelo blanco en sus sienes. Parecía un hombre bien cuidado, se le notaba que estaba cansado, pero no de ese cansancio de un día duro de trabajo sino de una vida de continua lucha.

—Señorita Lark, soy Ricardo Smitch, por favor, siéntese.
—Gracias. — Elena se sentó, mostrando una mirada de desconcierto y asombro de la cual, Ricardo se dio cuenta.

—Por su expresión, el hombre que usted se imaginó, no se parece en absoluto a mi o por el contrario es exactamente como esperaba.

—Perdone... ¿decía?

—Le decía que usted ha quedado muy impresionada al verme y que la costumbre del hombre es crear una imagen de alguien que no conocemos y cuando lo vemos o nos desengañamos o acertamos. ¿Cuál es su caso?

—No, disculpe, no he podido crearme una imagen de usted, aunque debo decirle que lo he intentado.

—Me gustaría hacerle una pregunta, si me lo permite

—Por favor.

—Tiene usted un parecido considerable con una persona que vivió en este pueblo y me gustaría saber si es familia de ella pues su apellido es el mismo. Me refiero a María Lark.

—Era mi madre.

—¿Su madre? ¿Era...? — La cara de Ricardo cambió por completo, en ella se vio coraje y dolor al mismo tiempo, como si hubiese odio, la confirmación de sus malos pensamientos.

—Sí, era mi madre, murió hace dos años. ¿Le sucede algo? — Elena vio que se quedó completamente paralizado.

—Disculpe, me trajo viejos recuerdos. Su madre significó mucho para mí y nunca conseguí olvidarla. Le importaría decirme si fue... feliz... aunque teniendo una hija como usted me imagino que se sentiría orgullosa.

—En realidad, no fue así, yo fui en su vida el impedimento para realizarse. El punto negro que le hizo renunciar a todo lo que quería o por lo menos, es lo que creo hasta ahora.

—¿Cómo dice?

—Señor Smitch, el motivo de esta entrevista es que usted me hable de ella, de su estancia aquí, de su recuerdo. Estoy tratando de buscar mis raíces y, en cierto modo, de comprenderla. Según tengo entendido, usted era amigo de mi madre, el mejor amigo, por eso he recurrido a usted. Pero si todo ello le va a producir dolor o malestar, no tiene por qué hacerlo, lo comprenderé.

—No, no se preocupe. En lo que pueda ayudarle, estaré para usted. Tal vez así, yo también pueda encontrar las respuestas que me fueron negadas en su momento. No olvide, que la quise mucho. Pregunte lo que quiera.

—Nada en concreto — tras decirlo, Elena se dio cuenta que lo que había dicho era mentira, pues el objetivo de esa entrevista era saber si él era su padre — sencillamente me gustaría que me hablase de su adolescencia aquí, de cómo era...

—Pare, por favor. ¿Pretende usted que le hable de su madre cuando vivía aquí?

—Sí, eso es.

—¿No había una relación entre ustedes como para que ella le contase parte de su vida?

—Entre nosotras la relación fue mínima, por ello siempre tuve el presentimiento de que fue yo la culpable de su desdicha. Ahora sólo pretendo buscar el porqué.

—Lo que me está pidiendo es demasiado fuerte, y no sé hasta qué punto debo de darle esa información.

—Señor Smitch, es usted la única persona que puede hacerlo, y para mí, es el único eslabón que me queda para unir la cadena de mi vida. No obstante, si cree usted que no debe o no quiere hacerlo, no lo haga, pero por favor, comprenda mi punta de vista o mis circunstancias, incluso mi insistencia...

—Está bien, le contaré lo que recuerdo. No le puedo asegurar que sea lo que busca, pero intentaré ayudarla. Tal vez con ello, también pueda comprender algunas cosas que quedaron sin resolver. Pero antes de empezar, permítame que haga unas llamadas por teléfono. Mientras puede ir pidiendo la comida, ¿le parece bien?

—Perfecto.

—Discúlpeme un momento entonces.

—¿Pero qué le pido para comer?

—Lo mismo que usted elija, me fío de su criterio.

Ricardo se levantó y se dirigió a los servicios, era de suponer que allí también estaba el teléfono. Elena llamó al maître y encargó la comida, de primero pidió una sopa de marisco y de segundo un solomillo en salsa roquefort, y para beber pidió un vino tinto, recomendado por el camarero, eligió el ofertado de la casa.

Elena tenía ante sí a una persona que no conocía, pero que le ofrecía una seguridad y una sensación que le hacía estar a gusto en su compañía. Pese a verle visto alterado un par de veces, no se sintió fuera de lugar, se sintió como en presencia de un padre, de su padre... Mientras le escuchaba hablar, le encontraba gestos e incluso palabras semejantes a ella, no podía decir si formaban parte de su imaginación o de su deseo de que fuese así, pues siempre se heredan entre esas cosas entre padres e hijos.

Ricardo no la hizo esperar demasiado. Cuando le vio aparecer, su subconsciente comenzó a estudiarle a medida que se iba acercando a la mesa, pensó por un momento que cualquier persona ajena a lo que estaba sucediendo podría confundirlos con una de las muchas parejas donde el hombre es quince o veinte años mayor que la mujer, porque pese a que era un hombre atractivo, en la cara de Elena no se veía a una mujer enamorada sino a una hija en un almuerzo con su padre. Tenía facciones en su cara de una mujer que intenta pedir consejo a su superior para realizar algo importante en su vida, aunque en cierto modo, era así.

—Espero no haber tardado demasiado.

—No, ha sido realmente rápido. — se acercó el camarero con los primeros — Lo que yo espero es haber acertado con la elección del menú.

—No se preocupe, deleitémonos con la comida. Le prometo que cuando acabemos, le contaré lo que quiera saber. Odio que la comida se enfríe.

—En eso coincidimos, aunque me temo que por nuestras profesiones no es posible hacerlo a menudo.

—En eso tiene toda la razón.

Durante la comida no es que estuvieran completamente callados, pero sí que hablaban lo estrictamente necesario para poder disfrutar de la comida elegida.

—Debo decirle que ha elegido usted mi comida preferida, y que, si no fuera por mi esposa, no la degustaría nunca.

—Me alegro de haber acertado.

—Bueno, no me equivoqué en fiarme de su buen gusto. — los dos rieron y al ver la sonrisa de Ricardo, Elena se sorprendió de su semblante alegre, jovial y lleno de vida, que hasta ahora no había aparecido en escena. - ¿Pasamos a la cafetería? Creo que estaremos más cómodos y sin prisa para poder contarle lo que quiera saber.

—Como usted quiera. — se levantaron y se dirigieron a la pequeña cafetería, un lugar realmente acogedor y de un gran gusto.

—Bueno señorita Lark, le empezaré a decir que su madre y yo nos conocimos cuando ella nació. Nos llevábamos poco tiempo y su familia y la mía tenían buenas relaciones desde siempre. Su abuela y mi madre estaban bastante unidas, con lo cual, María y yo jugábamos juntos desde la más tierna infancia. Crecimos en el mismo entorno y a medida que íbamos creciendo, iban creciendo nuestros sentimientos en común, pero, es curioso, nunca conseguí verla como una hermana, para mí era una compañera, una amiga. Pertenecíamos al mismo grupo de amigos, aunque, llegados a cierta edad, nuestros juegos cambiaron y ella se volvió muy coqueta, de una forma encantadora. Pasábamos menos tiempo juntos, dado que, en la adolescencia, debíamos compartir más tiempo con personas de nuestro mismo sexo. Yo sabía que tenía otro amigo, un tal Lucas Fischer, con el que hablaba mucho, y para mí fue muy duro, digamos que fue la primera vez que tuve celos. — todo empezó a encajar en la cabeza de Elena, empezó a unir todas las piezas de la investigación y de la charla mantenida con el señor Fischer. — Luego supe que era su confidente y que entre ellos no había nada más que una amistad. Su madre creció hasta convertirse en una mujer preciosa, con unas facciones finas y elegantes. Nuestros sentimientos aumentaron y evolucionaron a la vez que nosotros lo hacíamos. Digamos que se transformó en un amor adolescente, pero amor, al fin ya al cabo. No jugábamos a ser una pareja porque lo éramos, pero fingíamos ser un matrimonio, en la última etapa juntos. — Elena percibió el cambio en el rostro de Ricardo, de la felicidad había pasado al dolor, pero tras una breve pausa, prosiguió — Nos creamos una casa, una casa que estaba en ruinas. Pese a ello, tenía un par de habitaciones techadas y para nosotros, eso era más que suficiente en nuestro matrimonio ficticio. Pasábamos cada vez menos tiempo en el grupo de amigos y más en la intimidad. Esto nos trajo varios problemas por llegar tarde a casa, dado que por mucho tiempo que estuviéramos juntos, siempre nos sabía a poco. María tenía muchos problemas con su padre, era muy severo con ella, pero desde que fui padre, no le culpo — en ese momento a Elena le dio un vuelco el corazón, pero continuó atenta a las palabras de Ricardo — Siempre me pareció excesivo el celo de él, en cierta manera era posesivo con ella, aunque también es cierto que el carácter de ella le trajo más de un problema con los mayores. Siempre pretendía quedar por encima y esto le traía más de un castigo. Como le iba diciendo con relación a nosotros, aquella casa en ruinas era nuestro lugar, allí pasábamos nuestros momentos más bellos, allí descubrimos el amor y nos juramos todo pues antes no cabía nada imposible, todo era factible si estábamos juntos. Un día, habíamos quedado como siempre en nuestro lugar, pero ella no apareció, y como siempre, pensé que había recibido algún castigo severo por parte de su padre por alguna de sus osadías. Pero días después, descubrí que toda la familia había abandonado Williams, sin una nota ni una despedida. Todo el mundo decía que la señora Lark había enfermado y que habían tenido que abandonar repentinamente el pueblo por su bienestar. Recibí una carta de María tiempo después, pero no podían ser sus palabras, no podía ser ella... Era distante y fría y sentí que lo escrito en ella debían ser excusas. No pude hacer nada más. — Tras escuchar esto, Elena no pudo más e intervino.

—¿Cuál cree usted que fue el motivo de su partida?

—En un principio, pensé que sería un castigo por su rebeldía, que quizá la habrían internado en algún centro de señoritas al otro lado del país. — Ricardo se paró en seco, como si lo que a decir a continuación fuese el secreto mayor guardado de su vida.

—Por favor, continúe.

—Señorita Lark, a veces uno tiene presentimientos que se desvanecen con el tiempo, y el recordarlos sólo produce dolor, permítame que dé por finalizado mi relato.

Elena comprendió que estaba sufriendo y que obligarle a seguir seria cruel, ella conocía ese sentimiento mejor que nadie y sabía hasta qué punto se pueden guardar celosamente en el interior de uno. Ella creía conocer qué era lo que iba a decir, pero ahora no se sentía con fuerzas para hablar de ello. A la mañana siguiente tenía un viaje a California a casa del abuelo, tal vez, pudiera obtener las respuestas que le faltaban allí, sería entonces y sólo entonces cuando volvería a hablar con Ricardo.

—No se preocupe, lo comprendo y quiero que sepa que le agradezco lo que ha hecho.

—Gracias a usted porque es como si me hubiese liberado de algo que tenía dentro de mí. Si necesita algo, algún día, no dude en venir a mí, estaré encantado de ayudarle en lo que sea.

—Mañana salgo de viaje a California. — Elena no pensaba sacar el tema, pero ahora creía que tenía la obligación de decírselo. — Mi abuelo está muy enfermo y quiere que vaya con él.

—El viejo Roberto, sólo Dios, si lo hay, sabe cómo debe pagar. No le tengo rencor, tal vez es cierto que el tiempo lo borra todo, en cierto modo, yo ya le he perdonado y siempre lo pensé. La única que perdió fue su madre, por ello, si aún le queda a usted rencor por ella, le pido que aprenda a perdonarla porque ella fue una víctima, de eso puede sentirse usted segura.

En la cara de Ricardo estaba el consejo de un padre dado con toda la ternura y comprensión que hace persona aún al que le ha hecho más daño. Ahora Elena estaba recibiendo un consejo de él y en cierto modo, no le sorprendió, es como si esa escena hubiese sido vivida antes.

—No se preocupe, la perdoné y al igual que usted, siempre pensé que ella fue la víctima y no pudo soportarlo, y acabo siendo demasiado para ella, por ello nos dejó...

—¡No puedo creer que María se quitase la vida...! — había en su rostro una expresión de sorpresa y horror en la cara de Ricardo.

—A mi intentaron ocultármelo, pero sabía que fue así...

—¡Dios mío! ¡Pobre María! — le empezaron a brotar lágrimas de los ojos, lágrimas que dejó durante unos minutos correr, como si con todo aquello hubiese cerrado un capítulo de su vida. Estuvieron unos minutos más en silencio, viviendo unas emociones compartidas y dejaron que el tiempo fuese despejando sus mentes para poder seguir. Aunque todo estaba dicho, por el momento.

Se despidieron y Elena se dirigió a la casita del río. En ella se mezclaba la alegría de saber que su presentimiento era cierto, y, por tanto, no había estado luchando por nada, y por otro la certeza que le había herido. Al día siguiente iría a casa del abuelo y le exigiría que se lo confirmara, con todas las pruebas delante. Cuando llegó, hizo rápidamente las maletas y se dispuso a llamar a David, necesitaba contarle todo lo ocurrido, compartirlo con él. Estuvieron dos horas hablando, le contó todo eufórica, como si fuera un adolescente, transmitiéndole la felicidad que ello suponía. También le informó del viaje que debía hacer a California y que allí continuaría con su investigación para ratificarla. Durante esa noche Elena no pudo apenas dormir de la emoción de lo vivido y deseó que las horas pasaran lo más rápido posible para tomar el vuelo.

A la mañana siguiente, dos vidas habían cambiado, Elena volaba hacia California y Ricardo tenía un estado de ánimo imposible de definir. Se sentía aliviado por haber hablado de todo ello, pero volvía a tener en su mente todos los recuerdos que le golpeaban una y otra vez hiriéndole en lo más profundo de su ser. Todo esto provocó una necesidad imperiosa de hablar de ello con su esposa, ella necesitaba saber, y más ahora que las piezas se habían unido y sabía que todo ello saldría a la luz y quería compartirlo con ella. Tenía miedo de cómo reaccionaría o cómo se sentiría al respecto. Ella notó sus ganas de contarle algo, pero también su temor por hacerlo, por lo que se mostró abierta a escucharle, sabía que sería aquello que siempre había temido oír por temor a que fuera el motivo para separarles. Ricardo comenzó a relatar todo lo acontecido, desde el principio, desde su principio y sus sospechas más que fundadas. Para su sorpresa, Laura le acarició la mejilla y le dijo que le comprendía y que esperaba que superaran todo juntos, así como confirmarle que había sido un día importante y que, a partir de ahora, todo cambiaría en sus vidas.

—¿Crees que esa chica es tu hija?
—Laura, así lo creo, pero si fuera así, ¿la aceptarías en nuestras vidas?
—Ricardo, eres una de las personas más importantes de mi vida, por supuesto que si pertenece a tu vida también pertenece a la mía.
—Gracias...

Ahora más que nunca sabía que Laura era la mujer de su vida, siempre le había aceptado tal y como era y sabía que su vínculo se había afianzado más que nunca con este acontecimiento. Ricardo presentía que el viaje de Elena no era únicamente para verle, sabía que ella iba a confirmar las mismas sospechas que ellos tenían.

Elena por su parte, estaba llegando a California. Hacía mucho tiempo que no visitaba esa parte del país, ni siquiera por trabajo, lo había evitado siempre que había surgido la ocasión. La última vez, su madre había fallecido y con ella la que consideraba la única oportunidad de dar luz a sus sospechas, con todo el dolor que ello suponía. Esperaba poder conseguir de su abuelo esa luz, esa confirmación sobre su presentimiento. Mientras más se acercaba a la casa de su abuelo, más lástima le daba él, el rencor desaparecía. Esperaba poder hablar con él, no sólo para confirmar lo evidente, sino poder reconciliarse, al menos en parte con él.

Del lugar sólo recordaba pequeñas imágenes de su pasado, dado que la mayor parte del tiempo estaba internada en colegios de prestigio. Había dos únicas personas que venían a su mente, Felisa y Juan, un matrimonio que cuidaba de la casa y de ella. Se podía decir que ellos le ofrecían el cariño que su madre le negaba. Pensar en volver a verlos le hizo sentir bien e incluso feliz. Se sentía tan sumergida en sus pensamientos que no se dio cuenta que había llegado. Pagó al taxista y se dirigió a la puerta de la gran casa. Tras contemplarla desde fuera durante unos minutos, se decidió a llamar al timbre. Al poco, Felisa abrió la puerta.

—¡Señorita! — se debatía entre la alegría y la tristeza. - ¡Qué alegría me da verla en casa!
—Felisa, ¿qué te pasa? — los ojos enrojecidos volvieron a llenarse de lágrimas.
—Yo estoy bien señorita, es su abuelo...
—¿El abuelo? ¿Qué ha sucedido?
—Falleció esta mañana. Arriba está la hermana del señor velándolo.

Elena subió las escaleras que llevaban a la habitación de su abuelo, su rostro se había desfigurado con las nuevas recibidas. Su abuelo estaba muerto, no podía procesarlo. No podría hablar con él, no podría preguntarle las cosas que tenía en mente, no podría despedirse... Por fin, llegó a lo alto de la escalinata y llamó a la puerta.

—Pase. — al ver que era Elena cambió el tono — Elena querida. — era una mujer desgastada por el paso de los años. — Se nos fue. — dijo mientras señalaba la cama donde yacía el difunto, medio amortajado, con sólo la cara al descubierto. Le costaba reconocer ese rostro, al fallecer había perdido todo su carácter, toda su presencia, no podía ver a su abuelo en ese semblante, frío, distante, carente de vida. Estaba confundida, lo contemplaba con desconsuelo, sentía una impotencia infinita y entre todos esos pensamientos sus lágrimas comenzaron a brotar sin fin.

—¿Por qué ahora? ¿Por qué así? — su tía la abrazó mientras ambas lloraban desconsoladas.

El día pasó como si ella no perteneciera a su cuerpo, sus movimientos eran automáticos, todo y todos pasaban ante ella diciendo palabras de consuelo que ella no escuchaba, la comida no tenía sabor, las flores no tenían olor... Se sentía abstraída de este mundo. En su interior los pensamientos la inundaban y solo tenía sentimientos de rabia, dolor y frustración. Incluso en su final la había dejado sin respuestas, sin palabras de consuelo, sin nada a lo que poder agarrarse. Esa misma tarde procedieron al entierro. Le dejaron junto a su abuela y su madre. Aprovechó para quedarse un rato más a solas para poder estar junto a su familia. Elena se acercó a la losa de mármol de su madre con lágrimas en los ojos y le habló como nunca había hecho.

—Mamá, lo siento. Yo te he querido siempre y te quiero, aunque no estés ya conmigo. Me ocultaste su existencia, pero lo encontré, ahora puedo decir que mi cabezonería, esa de la que siempre te quejabas, me ha servido. Es un ser encantador y esperó poder llamarle papá algún día. Debiste volver con él, también te extrañó todos estos años, ¿por qué no lo hiciste? — había rabia en su voz — Él te quería mucho, seguro que incluso tanto como tú a él. Creo que la forma en la que me ha hablado de ti me ha ayudado en parte a perdonarte, a conocerte antes de mí. Espero que allá donde estés puedas sentirte feliz y en paz. Te prometo que cuando llegue el momento, le daré un beso de tu parte.

Elena se levantó y se dirigió hacia Felisa, juntas partieron para la casa. El resto del día siguió como si no fuera real, todo se movía con la inercia de los invitados y Elena no se sentía en su cuerpo, sólo podía pensar en su abuelo y su cabezonería por separar a sus padres, cabezonería que había conseguido la muerte de su esposa y el suicidio de su hija. ¿Realmente podría descansar en paz después de todo el daño infligido?

A la mañana siguiente, Elena contempló su habitación tras abrir los ojos, su habitación. Jamás la había sentido como suya. Allí había vivido momentos tristes, sólo aquellas paredes habían oído sus lamentos y visto cuántas lágrimas había derramado. Cuando era pequeña sólo habitaba el lugar en las épocas festivas, sobre todo por guardar las apariencias de familia feliz ante los demás, pero no era una familia feliz, era un hogar roto, o más bien, no era ni un hogar, sólo un lugar que compartían tres desconocidos. Siempre había detestado estar allí, siempre lo había recordado como una casa triste, oscura y fría. Desechó esos pensamientos, se levantó y se puso la bata. Justo en ese momento, llamaron a la puerta.

—Adelante.
—Buenos días, señorita — le saludó Felisa con una sonrisa. — ¡Cuantos recuerdos entre estas paredes! Todo está como usted lo dejó la última vez.
—Ya no tiene sentido que todo esté... - se interrumpió para no empezar de nuevo a llorar.
—Señorita ha llegado el abogado del señor Roberto, quiere saber si esta tarde podría recibirle para la lectura del testamento. Si no pudiera, pidió que le llamara para avisarle.

—Está bien, esta tarde le atenderé sin problema. Veamos qué nos tiene que decir el abuelo. Sus últimas palabras.

El tiempo que restó hasta la aparición del señor Cook, lo dedicó a pasearse por toda la casa, tratando de recordar algún buen momento, tratando de captar toda la casa y así, poder despedirse para siempre de ese lugar que tanta amargura le había dejado. Contempló el despacho de su abuelo y recordó que allí fue donde empezó a amar la música clásica, su abuelo tenía una gran colección de los grandes, así como una amplia biblioteca, donde Elena también empezó a apreciar el placer de la lectura.

Más tarde, apareció el señor Cook con su apariencia profesional y su eterno maletín, saludó a Elena y esta le invitó al despacho de su abuelo, donde le cedió la silla principal.

—Señorita Lark, en primer lugar, quiero que me disculpe por la premura de mi visita, deben ser momentos difíciles.
—No se preocupe. Veamos qué quiere decir el abuelo.
—Debido al contenido del testamento, me he tomado la libertad de pedirles a Felisa y Juan que nos acompañen.
—Por supuesto, son como de la familia. – Entraron y se sentaron a ambos lados de Elena.
—Yo, Roberto Lark, en buen uso de mis facultades y... - el abogado hizo la introducción de rigor en estos casos y continuó con sus últimas voluntades - ... Querida Elena, aunque siempre te hice ver que no eras querida, realmente quiero que sepas que no era así, en el fondo de mi corazón siempre fuiste la luz de mi corazón. Te quería demasiado y pasé toda la vida temiendo tu partida, ahora sé que obré mal y sólo espero que me perdones... - Elena estaba consternada y furiosa a la vez, no quería oír palabras sin sentido y para ella, estas no lo tenían, después de todo, estuvo toda la vida mendigando el amor tanto

de él como de su madre y no recibió más que desprecio a cambio. Quería que todo esto terminara pronto. En su semblante sólo había ira y desazón — Señorita Lark, ¿se encuentra bien?

—Sí, prosiga por favor.

—De acuerdo. Ahora leeré la parte de las reparticiones y con ello concluiremos: "Para Felisa y Juan, mis fieles amigos, porque eso sois para mí, deseo legaros el que durante tantos años ha sido vuestro hogar y el mío, quiero que sigáis viviendo aquí, pero siendo legalmente vuestra casa, así como una gratificación de cuatro mil dólares para ayudaros con los gastos que todo esto os pueda ocasionar. Sólo tengo para con vosotros mi gratitud." — el abogado se detuvo y les hizo entrega de las llaves de la casa, así como de las escrituras y el cheque mencionado. La pareja empezó a llorar emocionada. Así continuó — "Elena, a ti te dejo la casa donde nació tu madre, un pequeño lugar en el pueblo de Williams, en Colorado, donde mi pequeña María fue realmente feliz. Deseo que sea tuya, aunque comprendería que la vendieras, dado que nunca te hemos permitido conocer nada más sobre nuestro pasado que el conocido en este lugar. Aunque parezca difícil de creer, no dispongo de grandes fortunas, por lo que ese será mi último legado, así como la carta que te dará el señor Cook. Considero que es lo más importante de este testamento, es aquello que no tuve el valor de decirte en vida y que en mis últimos momentos me arrepiento haberte negado. Espero que algún día puedas perdonarme." — el abogado hizo una pausa solemne y le cedió el sobre con la carta y las escrituras junto con las llaves a Elena. — Esto es todo lo que es señor Lark me dejó en custodia. El contenido del sobre es sólo conocido por su abuelo, por ello lo entregamos sellado. Ahora les dejo. Por favor, háganme saber si tienen alguna duda o consulta. — Sin más comentarios, se levantó y abandonó el despacho y la casa.

—Señorita Lark, ¿necesita algo de nosotros?

—No Felisa, les agradecería me pudieran dejar un momento a solas. Les prometo que será breve y luego recogeré mis cosas y me iré.

—Por favor, Elena, no hables así, esta siempre será tu casa, puedes quedarte el tiempo que necesites. — tras una pausa prosiguió. — te dejo sola.

—Gracias Felisa.

La pareja abandonó el despacho. Ellos sabían la importancia que tenía ese sobre para el abuelo y el impacto que podría producir en Elena, por lo que permanecieron en alerta por si pudiera necesitarles. Elena se levantó y se sentó en el sillón de su abuelo y se dispuso a abrir y leer la carta:

"Querida Elena,

Hace treinta y cinco años, tuve un arrebato de ira y dejé un hermoso lugar del estado de Colorado. Allí nació mi hija, tu madre, y debo decirte que también fue allí donde fuiste engendrada. Cuando me enteré del estado de tu madre, me enfurecí y la única opción posible que hallé, fue huir con mi familia el lugar más lejano posible, cometiendo así el mayor error de mi vida, pero nunca me atreví a volver y os negué esa vida por egoísmo. Soy consciente del daño ocasionado tanto a ti, como a mi hija, como a mi querida esposa. Por todo esto quiero confesarte que sí, tienes un padre y está vivo, no muerto como siempre te hemos dicho y como le hice pensar a tu madre. Pensé que sólo fuiste producto de una locura de juventud, de un descuido imprudente, pero rompí el corazón de mi pequeña por desamor y nunca volvió a ser como era por aquel entonces, de eso también tu fuiste consciente y por ello, te pido que no la culpes por no haber sido mejor madre. Su vida se rompió cuando la obligué a abandonar su hogar, sus amigos y su amor. Desearía que, si tu quisieras emprender esta búsqueda, él también leyera esta carta para que supiera cuanto siento el daño que quizá también le pude causar por mis decisiones egoístas. Sólo deseo que haya verdad en vuestras vidas, dado que quien os la ocultaba va a perecer sin remedio. Si no quisierais perdonarme lo entenderé. Realmente creo que no merezco ningún perdón, pero sólo te pido que persigas tu felicidad y no la dejes escapar jamás. Tu nombre siempre debería haber sido Elena Smitch Lark, y el que te concibió con amor fue Ricardo Smitch, que, hasta el momento de escribir esta carta, sigue viviendo en Williams, Colorado.

Roberto Lark."

Cuando acabó la carta se dejó caer en el sillón, sus lágrimas estaban brotando de sus ojos, no recordaba en qué momento habían empezado a caer, pero su cara estaba empapada por ellas. Tampoco sabía si eran producto del coraje o de la liberación de sentimientos al leer que sus sospechas eran ciertas, que su presentimiento era real. Su intuición jamás le había fallado. Siempre sintió que su abuelo era la clave de todo, que siempre fue él quien lo controlaba todo, tanto de forma directa como indirecta. Lo que no podía comprender es cómo soporto ver marchitarse a su hija y en parte, a su nieta, durante tantos años sin decir o hacer nada, cómo tuvo la sangre fría de ocultarlo todo durante tantos años. No podía perdonarle, no aun, había sido muy cruel y mezquino durante demasiado tiempo como para que una carta pidiendo disculpas pudiera borrarlo todo.

Elena se sentía abatida, la presión psicológica de los últimos días había acabado por agotarla con este último acontecimiento. Necesitaba descansar. Pero no quería hacerlo allí, necesitaba volver a Williams, aclarar todo lo que había descubierto y ver la respuesta de su "padre". Cogió el teléfono y encargó el próximo vuelo a Williams, que, por suerte, salía esa misma noche. Se levantó y se dispuso a despedirse de los que realmente se habían comportado como su familia en este lugar a lo largo de los años.

—Felisa, esta misma noche me marcharé, temo que este lugar va a desaparecer para siempre de mi vida, sería absurdo y doloroso intentar verlo como el hogar que nunca fue, ya no tendría sentido...

—Señorita — comenzó a llorar mientras hablaba con ella — usted sabe el cariño que sentimos tanto mi marido como yo, la hemos visto crecer y hemos tratado de darle lo que el señor y su madre no podían, esperamos que siempre lo vea como a un lugar al que poder acudir si en algún momento lo necesitara. Siempre formará parte de nuestras vidas.

—Felisa, yo me siento igual respecto a vosotros, pero entiéndelo, no podré volver aquí jamás, son demasiados recuerdos dolorosos... Pero sobra decirte que vosotros siempre seréis bienvenidos si en algún momento queréis visitarme en Williams o en Nueva York.

—Señorita, nosotros ya somos mayores y este lugar será donde descansemos lo que nos queda de vida.

—No hables así, aun os queda mucho. Además, si tuviera un hogar y una familia me gustaría que la conocierais.

—Niñita, espero que así sea, pero los años pesan más que los deseos. Ahora mí me permite, voy a hacer la cena, espero que tenga un feliz viaje.

—Gracias Felisa.

Elena se dispuso a recoger sus cosas y se dirigió al aeropuerto sin perder tiempo. Durante el viaje pensó en lo hablado con

Felisa, en ese hogar que anhelaba tener y esperaba que su padre quisiera formar parte de él. Necesitaba que esa parte de ella al fin fuera plena, tener al fin una familia que la quisiera. Sentía miedo e impaciencia por llegar y poder ver a Ricardo, poder entregarle la carta y esperar que su reacción fuera positiva.

Cuando llegó, era muy tarde y sólo quería dormir hasta haber descansado por completo y así lo hizo, entre sueños que esperaba se hicieran realidad muy pronto.

Por la mañana, se despertó y tras hacer sus rutinas diarias se dispuso a coger el teléfono, no quería demorar su cita con su padre más tiempo. Los tonos de llamada empezaron a sonar.

—Sí, un momento — una voz femenina la dejo en espera — Sí perdone, ¿quién es?
—Soy Elena Lark, ¿podría hablar con Ricardo Smitch?
—Sí, espere por favor.
—Señorita Lark, ¿en qué puedo ayudarla?
—Desearía verle lo antes posible — hubo un silencio en la comunicación que pareció eterno — Tengo una carta que deseo que lea, si pudiera recibirme esta misma tarde, se lo agradecería.
—Por su voz, percibo que debe ser importante. No se preocupe, venga a la hora de comer a mi dirección, quiero que conozca a mi mujer y mi hija — hubo de nuevo un silencio - ¿le parece bien?
—Sí, claro.
—Perfecto, le paso un momento con mi secretaria para que le facilite la dirección.
—De acuerdo, hasta luego.

Tras tomar nota de los datos, colgaron. Elena se quedó pensando sobre la breve conversación mantenida. Estaba asustada y preocupada. Tenía miedo de estar creando una situación incómoda para el señor Smitch. Necesitaba hablar con alguien sobre cómo se sentía y llamó a David, pero le comunicaron que estaba de viaje y que era imposible hablar con él en esos momentos. Se sintió impotente y se dio cuenta de cómo se había sentido él en tantas ocasiones en las que la situación era al revés, comprendió totalmente su frustración y enfado con su trabajo y anotó mentalmente darle prioridad siempre a él antes que al trabajo.

Para serenarse decidió preparar el que ponerse y prepararse a sí misma para la comida. Necesitaba dejar de pensar en las posibles situaciones que podrían darse cuando revelara el contenido de la carta, en las diversas posibilidades de rechazo pese a la grata conversación de la última vez.

Entre tanto pensamiento, se encontró delante de la casa de los Smitch sin saber qué decir. En el trayecto de sus dedos y el timbre, se planteó abandonarlo todo y marcharse, pero jamás podría perdonarse tal actuación después de todo lo vivido para llegar hasta allí, justo a ese momento. Independientemente del resultado, necesitaba sentirse escuchada y decir lo que sabía. Por lo que se forzó a sí misma un poco más y llamó al timbre. Al cabo de unos minutos, la puerta se abrió y le recibió una gran sonrisa en una cara angelical de diez años.

—¡Hola! ¿Eres Elena?
—Sí, ¿y tú?
—Yo me llamo Isabel, pero todos me llaman Isabelita. — se oyó de fondo la voz de Ricardo que llamaba a Isabel y le preguntaba quién había llegado. — ¡Es Elena papá! ¡Ya ha llegado! — se dirigió ahora a Elena — Es papá. — Ricardo apareció en el marco de la puerta.
—Hola, por favor, señorita Lark, adelante. Disculpe a Isabelita, me imagino que la habrá interrogado.
—No se preocupe, sólo nos hemos presentado. — detrás de Ricardo apareció una mujer muy bella.

—Hola, debes de ser Elena. — se hizo paso y le tendió la mano — discúlpales por no dejarte pasar, soy Laura, por favor, acompáñame. Ricardo me avisó con poco tiempo, pero he preparado comida suficiente para todos. — le dedicó una amplia y sincera sonrisa. Tras entrar en el salón los tres, la señora Smitch se disponía a abandonarlo para darles intimidad, pero Elena la interrumpió.

—Por favor, señora Smitch, desearía hablar con los dos a la vez, es un tema muy importante y creo que también debe saberlo. — Elena abrió el bolso y sacó un sobre algo desgastado con la marca de un sello abierto — Léanla por favor. — les tendió el sobre.

—¿De qué se trata? — dijo Ricardo.

—Por favor, sólo léanlo, es muy difícil para mí explicarme y creo que ahí vienen las explicaciones que necesitan.

—De acuerdo – y juntos, empezaron a leer la carta.

Las lágrimas comenzaron a brotar de los ojos de Ricardo, Elena no sabía si eran de tristeza, de alegría o de amargura. Para su sorpresa, su esposa también empezó a llorar de pena al leer las palabras de su abuelo. Elena no sabía qué decir, qué pensar o qué hacer.

Unos minutos después, terminaron de leer la carta y la doblaron. Entonces Laura abandonó el salón tras besar a su marido. Sabía que necesitaban estar a solas durante un rato para hablar.

Ricardo, tras serenarse, se dirigió a Elena, la cogió por los hombros y la elevó del sitio donde estaba sentada y le dijo:

—Hola pequeña, ¿dónde has estado todo este tiempo? — y tras decir estas palabras, la abrazó con fuerza.

Ambos lloraron abrazados y de la boca de Elena sólo salieron unas breves palabras que habían estado guardadas en su interior durante toda su vida.

—Papá, por fin, papá.

Tras unos momentos de complicidad, Ricardo llamó a su mujer y le dijo:

—Amor, te presento a mi hija perdida, espero que algún día puedas sentirla como tuya también.

Los tres se fundieron en un abrazo y oyeron de fondo las palabras de la pequeña.

—Mamá, tengo hambre.

La cogieron y la abrazaron también. Esto sería el principio de una nueva historia que escribirían juntos.

EPÍLOGO

El día de la revelación de la verdad siempre sería recordado por la familia Smitch, como si se tratase de un día de gracia.

Cada año, se reunirían para celebrar ese nacimiento, que después de treinta y cinco años regó corazones secos por la ira de un ser cruel.

Antes de la cena, padre e hija darían un largo paseo por la orilla del pequeño río que veinte años antes les hizo verse por primera vez.

Ricardo contó lo que sabía de la historia y Elena completó el relato. En ambos casos el abuelo era la clave, pero ya no había ni rencor ni odio, ahora solo cabía perdonar y olvidar.

A esta cena se uniría el que sería el esposo de Elena, David. Al fin y al cabo, una familia está completa cuando están todos los que son.

ÍNDICE